# 柏拉图的艺术学遗产

PLATO'S LEGACY OF ART THEORY

孙晓霞 / 著

文化藝術出版社
Culture and Art Publishing House

**图书在版编目（CIP）数据**

柏拉图的艺术学遗产 / 孙晓霞著. — 北京：文化艺术出版社, 2021.5
ISBN 978-7-5039-6413-8

Ⅰ.①柏… Ⅱ.①孙… Ⅲ.①柏拉图（Platon 前427–前347）—艺术学—哲学思想 Ⅳ.①B502.232

**中国版本图书馆CIP数据核字（2021）第076494号**

**柏拉图的艺术学遗产**

著　　者　孙晓霞
责任编辑　蔡宛若　刘　颖
责任校对　邓　运
书籍设计　姚雪媛
出版发行　文化艺术出版社
地　　址　北京市东城区东四八条52号　（100700）
网　　址　www.caaph.com
电子邮箱　s@caaph.com
电　　话　（010）84057666（总编室）　84057667（办公室）
　　　　　84057696—84057699（发行部）
传　　真　（010）84057660（总编室）　84057670（办公室）
　　　　　84057690（发行部）
经　　销　新华书店
印　　刷　国英印务有限公司
版　　次　2021年5月第1版
印　　次　2021年5月第1次印刷
印　　张　9.75
字　　数　200千字
开　　本　880 毫米 × 1230 毫米　1/32
书　　号　ISBN 978-7-5039-6413-8
定　　价　68.00元

本书受中国艺术研究院
基本科研业务费个人后期资助项目资助
（项目编号：XJ2020001305）

*Τοὺς δὲ ἀληθινούς, ἔφη, τίνας λέγεις;*

*Τοὺς τῆς ἀληθείας, ἦν δ' ἐγώ, φιλοθεάμονας.*

你说谁是，他说，真正的爱智者？

那些喜爱**观看**真理之人。我说。

—— 柏拉图《理想国》475e

# 目录

# 导言

毫无疑问，在西方哲学史中，柏拉图思想几乎是一种基因性质的存在。黑格尔说它“无疑地是命运从古代给我们保存下来的最美的礼物之一”[1]。怀特海甚至宣称，两千多年以来，欧洲哲学传统的最稳定特征是由对柏拉图的系列注脚而构成的。在他看来，柏拉图的独特禀赋，其所处伟大的文明时代所产生的丰富阅历，以及他所继承的那些未曾被过度系统化后走向僵化的活泼泼的思想传统，使其作品成为取之不竭的思想宝藏。[2] 从罗马时代到今天，柏拉图思想流布百世，播扬四方，不断得到重新诠释和认知。但从艺术思想史研究的视角而论，自浪漫主义之后，学界整体对柏拉图艺术思想的研究鲜有新的突破，特别是在汗牛充栋的美学和艺术论说中往往避而不谈柏拉图的技艺理论、政治理想及当时艺术活动的诸种特征，忽视乃至否认这些背景与其艺术论说的复杂关系，而这种关系

1. [ 德 ]黑格尔：《哲学史讲演录》( 第二卷 )，贺麟、王太庆等译，商务印书馆1960年版，第160页。

2. A.N.Whitehead, *Process and Reality: An Essay in Cosmology,* New York: Free Press, 1979, p.39.

的勾连与设定恰是柏拉图带给后世艺术的重要影响所在。

目前艺术界对柏拉图艺术理论缺乏“同情地理解”实有多重原因。一方面，柏拉图对话中的思想复杂性常令人望而却步。仅从文本看，柏拉图的对话通贯古今、义理艰深，关于各篇对话的先后时间及其思想的早、中、晚分期问题，以及对话中苏格拉底的思想应该归之于谁等问题，学界至今皆难有定论[1]；由是，艺术理论者选择固守传统美学史中的既有理论范式，不去冒险做新的尝试无疑减少

1. 其实这类问题并不只是令艺术理论研究者挠头，它们也曾困扰整个西方古典学研究界，从德国施莱尔马赫起至当代的格里高利·弗拉斯托斯（Gregory Vlastos）、休·H.本逊等，他们皆曾讨论过此问题。不过，正如查尔斯·科恩（Charles H.Kahn）所称道的，19世纪以来的柏拉图对话分期研究基本可信，尽管有些细节的差异，但大体可以形成共识（参见刘小枫《施莱尔马赫、施特劳斯与柏拉图》，《现代哲学》2010年第4期；休·H.本逊《苏格拉底与道德哲学的发端》，转引自泰勒主编《从开端到柏拉图》，韩东晖等译，中国人民大学出版社2003年版；柏拉图《柏拉图全集》序言，王晓朝译，人民出版社2002年版；Charles H. Kahn, *Plato and the Post-Socratic Dialogue: The Return to the Philosophy of Nature*, Cambridge University Press, 2016）。更重要的是，亦有学者认为，把柏拉图对话录区分为早、中、晚期，带有一种目的论倾向，是以现代哲学观透析柏拉图，其弊端是只见“哲学”不见“诗”，忽视了柏拉图对话中戏剧的文学特征（参见[美]克莱因《柏拉图的三部曲——〈泰阿泰德〉、〈智者〉与〈政治家〉》中译本前言，成官泯译，华东师范大学出版社2009年版，第5页）。还有如施莱尔马赫和赫尔曼等人则认为应打破历史分期的思维定式，基于一种有机统一体的柏拉图哲学观对其进行思想类型的划分[参见柏拉图《柏拉图全集》（第一卷）中译者导言，王晓朝译，人民出版社2003年版]。面对这种众说纷纭，陋见以为，仅从艺术这门科学的视角来考量的话，完全可以暂时将这些分期和类型的争议搁置，专心于其中的新线索。相信在目前颇为丰厚的文献资源条件下，对于柏拉图艺术论说的解读将会更加准确而丰满。

了不必要的麻烦，但如此也导致我们失去领略柏拉图艺术思想之丰富性的另一重可能。另一方面，自文艺复兴时期以来，柏拉图模仿论、灵感论等在艺术思想中产生的巨大影响，无形中也阻滞了人们回到源头重新发现柏拉图艺术思想本原的热情和信心。再有一方面则缘于长期固化的现代艺术观囿于唯审美的价值判断，并不允许人们为柏拉图基于技艺理论的诸种艺术论断正名。

柏拉图雕像，柏林国立博物馆

（https://www.britannica.com/biography/Plato/）

事实上，矗立在艺术思想史的前端，柏拉图在技艺理论和政治理性下不仅塑造了艺术的知识模型，还锻造了艺术的社会伦理和认知功能，艺术价值在其思想体系中是立体而丰繁的。特别是在今日中、英文版本的《柏拉图全集》皆已普及的情况下，对其艺术思想的认知和判断就不能只依《理想国》而论。事实上，学界近年来有关柏拉图中、后期的对话，如《政治家篇》《智者篇》，特别是最后的长篇《法篇》的疏义考证及译介都表明：柏拉图的艺术思想中存在着复杂而多样的面相。[1] 换言之，除模仿、灵感、美及美感之外，柏拉图还留给后世艺术知识谱系丰厚的他种遗产，曾对艺术的历史发展和走向产生深远影响；即便在模仿、灵感和美等概念或命题中，也有很多值得质疑和再打开的思想褶皱，本书正是基于这样的诉求而展开的。

## 一

西方柏拉图研究源远流长，自罗马帝国的柏拉图新经学以来，特别是在文艺复兴时期重返西方世界后绵延不辍，先后出现了文艺复兴时期、浪漫主义时期及 20 世纪中叶三次大的发展浪潮。

第一次柏拉图研究浪潮与人文主义的开端密切相关。文艺复兴

1. 实际上，关于柏拉图对话的译介工作，始于20世纪二三十年代，先后出现了吴献书先生翻译的《理想国》，郭斌龢、景昌极先生合译的《柏拉图五大对话集》，张师竹初译、张东荪改译的《柏拉图对话集六种》等。此后，较为重要的有1943年陈康先生译注的《柏拉图巴曼尼得斯篇》；1963年至1993年间，严群先生所译的《泰阿泰德 · 智术之师》(《智者篇》)等多种对话篇。此外还有大量选译，其中数1963年朱光潜先生翻译的柏拉图《文艺对话集》在艺术和美学研究界影响最大［参见汪子嵩《中文版序》，载柏拉图《柏拉图全集》(第一卷)，王晓朝译，人民出版社2002年版，第3—10页］。但这些译本都偏重于翻译柏拉图早、中期的对话，其后期的对话和思想转变在国内艺术学界一直不为人所重。21世纪以来，王晓朝译本《柏拉图全集》问世，该译本收录26篇对话、2篇附录对话和13封书信，这是首部中文全译本，为国内学界了解和认识柏拉图思想，特别是其后期的艺术思想的转变和完善带来极大便利。

早期，在亚里士多德学派的包围中，彼特拉克发现了柏拉图，将柏拉图举为“第一哲人”，并曾骄傲地宣称：“我在寒舍拥有16卷甚至更多柏拉图的书籍（sedecim vel eo amplius Platonis libros domi habeo）。”[1] 此后，在第二代和第三代人文主义者如科卢桥·萨卢塔蒂（Coluccio Salutati，1331—1406）、莱奥纳尔多·布鲁尼（Leonardo Bruni，1370—1444）、尼科洛·尼科利（Niccolò Niccoli，1363/1364—1437）和波焦·布拉乔利尼（Poggio Bracciolini，1380—1459）等的带动下，古典学研究蓬勃发展。哲学家马尔西利奥·费奇诺（Marsilio Ficino）翻译并诠释了柏拉图思想，出版了《柏拉图神学》(*Theologia Platonica*)。此外，以佛罗伦萨为中心的柏拉图研究重点聚焦文本编辑和翻译，并形成了至今被奉为标准的斯特方（H.Stephanus）希腊文版本的《柏拉图全集》。就此时期而

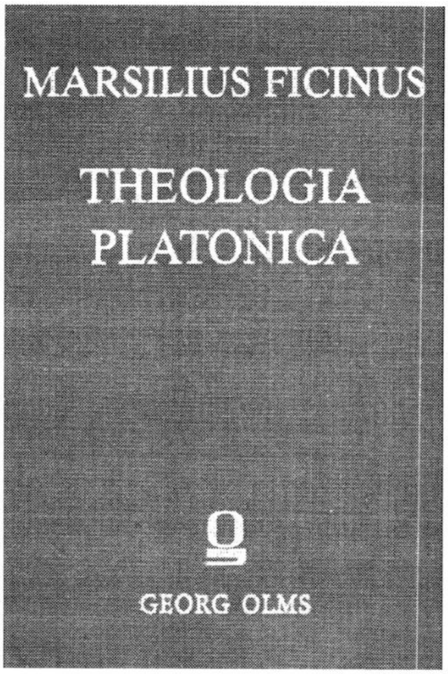


费奇诺的《柏拉图神学》

（https://openlibrary.org/books/OL4339313M/Theologia_Platonica_de_immortalitate_animorum）

1. 转引自[德]鲁道夫·普法伊费尔《古典学术史(下卷)：1300—1850年》，张弢译，北京大学出版社2015年版，第17页。

言，最令人印象深刻的是，新柏拉图主义思想与人文主义精神一道，从根本上改变了艺术的性质和艺术史的河道。

柏拉图研究在经历了启蒙时代的短暂沉寂后，于 19 世纪得以复兴。[1] 最初在英国和荷兰等国的希腊研究赋予古典学科新动力，而后古典科学在德国诞生，其真正动因是它在德国唤起了一种新精神，这种古典学反过来又对他们的诗歌和哲学产生了深刻影响。[2] 加之，早在 18 世纪中期，德国的温克尔曼、莱辛等人对希腊诗歌、雕塑等艺术的关注，以及他们在历史研究方法方面取得的成就，不仅发展出一门新的科学——艺术史[3]，而且锚定了古典学的基本形态与未来道路。[4] 这些古典学为 19 世纪德国的柏拉图研究奠定了雄厚的基石。赫尔曼·迪尔斯（H. Diels，1848—1922）、威廉·舒伯特

---

1. 自19世纪以来，西方关于柏拉图的研究卷帙浩繁，流派纷呈，若要对它们不遗巨细地进行梳理罗列，则很可能会陷入文献学的巨大旋涡之中，当然，这种令人厌烦的罗列对于作者和读者都是一种折磨。加之本书的写作意图是在传统美学研究之外重新发现柏拉图在艺术学科意义上的思想遗产，这一点在西方近代以来的哲学政治学视野的柏拉图研究中也属空白，因此仅在导言部分对古典学层面的柏拉图研究做简要概述。
2. 参见[德]维拉莫威兹《古典学的历史》，陈恒译，生活·读书·新知三联书店2008年版。
3. 关于温克尔曼的古典学研究参见[德]鲁道夫·普法伊费尔《古典学术史（下卷）：1300—1850年》，张弢译，北京大学出版社2015年版，第219—226页；[德]维拉莫威兹《古典学的历史》，陈恒译，生活·读书·新知三联书店2008年版，第96页。
4. 参见[德]鲁道夫·普法伊费尔《古典学术史（下卷）：1300—1850年》，张弢译，北京大学出版社2015年版，第239页。

（W. Schubart，1873—1960）等人对考古发现的柏拉图著作和相关注释的古代埃及莎草纸原本与中世纪手抄本的关系进行鉴别；伊曼纽尔·贝克尔（I.Berkker）和马丁·尚茨（M.Schanz）等人对克拉克抄本及其他中世纪抄本的价值进行评定等[1]，发展出一种鉴定派柏拉图研究。而温克尔曼的追随者——弗里德里希·沃尔夫（Friedrich August Wolf，1759—1824）、戈特弗里德·赫尔曼（Gottfried Hermann，1772—1848）及他们的一众门生亦开创了各类新流派。新生各派基本笃信人类所有思想创造发展及美的最初形态都源于古希腊人的成就，因此应该极力追赶他们。[2]

施莱尔马赫版画肖像

（https://en.wikipedia.org/wiki/Friedrich_Schleiermacher）

此后，由施莱尔马赫（F. Schleiermacher, 1768—1834）集中引发了西方世界的柏拉图研究风格；这一学派在列奥·施特劳斯（Leo Strauss, 1899—1973）的笔下

1. 参见王宏文、宋洁人《柏拉图研究》，山东人民出版社1991年版，第4页。

2. 参见［德］鲁道夫·普法伊费尔《古典学术史（下卷）：1300—1850年》，张弢译，北京大学出版社2015年版，第237页。

继续得到耕耘[1]；雅各布·克莱因（Jacob Klein, 1899—1978）[2]的研究则进一步形成并确立了一种柏拉图式的政治哲学。这一脉的古典政治哲学研究蔚为大观，赓续不绝，影响了整个西方现代政治哲学的进程。一言以蔽之，自19世纪以来，德国古典哲学、分析哲学及现象学在本质上，皆属回答柏拉图问题的哲学研究，反观之，近代以来的古典学研究也是生发于德国政治哲学。[3]此外，20世纪以来，随着古典学研究的逐渐成熟，关于柏拉图诠释及其正义、理念、辩证法等具体问题的研究皆有不俗成就，且大部分成果在国内有颇为精彩的译本。这些皆为我们重新读解柏拉图的艺术论断提供了重要的思想基础和全新的理论视角。

21世纪以来的20年中，国内的古典学研究厚积薄发，取得了不少成就。一方面，王晓朝译本《柏拉图全集》出版（人民出版社

---

1. 刘小枫:《施莱尔马赫、施特劳斯与柏拉图》,《现代哲学》2010年第4期。
2. 美国学者雅各布·克莱因以阐释柏拉图及其思想传统、研究现代符号数学的历史起源而著称，著有《希腊数学思想与代数的起源》《柏拉图〈美诺〉疏解》等著作，特别是著作《柏拉图的三部曲——〈泰阿泰德〉、〈智者〉与〈政治家〉》(*Plato's Trilogy: Theaetetus, the Sophist and the Statesman*)令其与施特劳斯齐名，被中译者成官泯举为“柏拉图式的政治哲学”的肇始者之一(参见[美]克莱因《柏拉图的三部曲——〈泰阿泰德〉、〈智者〉与〈政治家〉》中译本前言，成官泯译，华东师范大学出版社2009年版)。此外，张卜天也于2015年译介了《雅各布·克莱因思想史文集》(*Jacob Klein: Lectures and Essays*，湖南科学技术出版社)。
3. 李致远:《现代柏拉图解读路向管窥》,《求是学刊》2009年第2期。

2003年版），其他关于柏拉图对话的单行本译作也纷纷问世；另一方面，国内学界对国际的柏拉图研究有了较为宏观的认识和更为精细的把握，如在刘小枫的主持和引领下，大量引介了西方古典学著作。[1] 同时，一批新生代学者不断推出新的研究发现，如李致远将现代柏拉图研究分为理论学派、考证学派和诠释学派三种[2]；詹文杰则将现代柏拉图的诠释学进路归纳为统一论、演变论与戏剧诠释。[3] 另外，先刚[4]、祝杨军[5]等学者也先后就此发表不同见解。围绕柏拉图所形成的西方古典学研究在国内掀起了不小的话语波澜，关于柏拉图政治哲学的研究和开掘取得了显著成就，为重新考察其艺术理论带来了新的视角与可能。

---

1. 如2018年德国学者保罗·纳托尔普的经典名著《柏拉图的理念学说：理念论导论》被引入（溥林译，商务印书馆2018年版）。而在此之前，华夏出版社集中出版了刘小枫、甘阳主编的《柏拉图注疏集》，其中施特劳斯及雅各布·克莱因等的古典学研究著作皆大量被翻译引入。《注疏集》提供足本汉译柏拉图全集43种（含柏拉图九卷集，共36种和7种托名作品），所有中译者皆需修习过古希腊文，且采注经式译法，凭靠西方古典学者的笺注和义疏本逐译。《注疏集》共分三个部分：注疏体汉译柏拉图全集，历代柏拉图注疏选刊，柏拉图今解。这套《注疏集》蔚为大观，几乎将新近关于柏拉图注疏的重要著作尽收囊中，为国内学者了解西方古典学研究奠定了丰足的文献基础。此外，刘小枫主编的《古典学丛编》亦是本次写作的重要参考。
2. 参见李致远《现代柏拉图解读路向管窥》,《求是学刊》2009年第2期。
3. 参见詹文杰《柏拉图诠释的进路之争——统一论、演变论与戏剧诠释》,《哲学动态》2010年第8期。
4. 先刚:《国外柏拉图研究中关于“图宾根学派”的争论》,《世界哲学》2009年第5期。
5. 祝杨军:《20世纪以来柏拉图研究主流路向》,《社科纵横》2014年第5期。

不过，与哲学、政治学领域这种颇为壮观的译介和研究不同，国内关于柏拉图艺术理论的论说多因循着20世纪上半叶以来的美学定论。幸运的是，亦有为数不多，却极为耀目的重要著述问世。中国社会科学院陈中梅关于柏拉图技艺、政治理想与艺术问题的重新界说可谓是开辟性的。1999年陈中梅出版了《柏拉图诗学和艺术思想研究》，着力从诗学角度讨论柏拉图理论中的艺术问题，其话题涉及诗与认识论、诗与本体论、诗与神学、诗与心魂学、诗与道德及政治、语言艺术、技巧，以及柏拉图哲学的叛党思想，自然、技艺、诗等诸多深广的问题。[1]其论思想精深，鞭辟入里，可谓文学界关于柏拉图文学理论最全面而权威的解读，其中不仅有大量关于技艺理论的深入解读，关于音乐、舞蹈、绘画、雕塑等门类艺术的分析也令人折服，带给艺术研究者极为重要的思想启示，实属空谷足音。站在巨人的肩上眺望历史，可望一点点拂去柏拉图艺术理论上的蒙尘。相应地，中生代学者也不断在此领域进行开拓，尹德辉在其博士学位论文《艺术哲学视野下的古希腊“技艺”思想研究》[2]中就判定柏拉图和亚里士多德对诗歌、绘画、音乐、戏剧等个别艺术形态的论说都是通过他们的“技艺”思想来体现的。

---

1. 参见陈中梅《柏拉图诗学和艺术思想研究》，商务印书馆1999年版。
2. 尹德辉:《艺术哲学视野下的古希腊“技艺”思想研究》，博士学位论文，山东大学，2017年。

再者，艺术史研究中也就此话题不断形成颇为深刻的洞见，如受波普尔影响颇深的贡布里希就明确区分了 18 世纪美的艺术（fine arts）与之前作为“技巧”的艺术之不同[1]；当代美国艺术史家乔治·库布勒也为人们常常追溯到古代对自由艺术（liberal arts）与机械艺术（mechanical arts）所做的划分而悲叹，他认为，这种划分带来的可悲后果就是：“我们长期不愿以同样的历史视角去看待艺术与科学共有的那些做事方式。”[2] 而从艺术与科学的对立和融合的视角重新考察艺术史，特别是中世纪文艺复兴时期艺术问题时也常常会对柏拉图基于技艺概念的艺术理论有所揭示，如倪敏玲《艺术与科学理性：文艺复兴透视学及其影响研究》[3] 在考察文艺复兴时期艺术与科学理性之间的调和现象时也回溯到柏拉图的技艺论说。这些洞见皆昭示着重新诠释柏拉图艺术思想的必要性。

同时，国内外不少的哲学史、科技史中的技艺理论阐说也使得本次写作获益颇多。半个世纪以来的科技哲学与科技史研究对于技

1. 参见［英］E.H. 贡布里希《我从卡尔·波普尔那里学到了什么》，载曹意强、洪再辛编《图像与观念——范景中学术论文选》，岭南美术出版社 1993 年版，第 117 页。

2.［美］乔治·库布勒:《时间的形状：造物史研究简论》，郭伟其译，商务印书馆 2019 年版，第 13 页。

3. 倪敏玲:《艺术与科学理性：文艺复兴透视学及其影响研究》，博士学位论文，上海大学，2017 年。

艺的深入解读[1]，令学界关于艺术理论源头的思考更为客观理性。相应地，近年来国内科技史及科技哲学领域关于技艺概念的直接解读，也为我们理解柏拉图的艺术论说带来不少启示，如赵墨典、包国光的《柏拉图论“技艺”的本质和分类》[2]。受这些既有成果的启发，本书针对国内艺术学界的学科困局，从艺术基础理论的构成视角出发，对柏拉图对话中的艺术论说进行学理探讨，目的不在于形成无懈可击的定论，而是期望以此为肇端，抛砖引玉，激发艺术学界更多的相关讨论。

## 二

坦率地讲，《柏拉图的艺术学遗产》这个标题相对笼统，内容

---

1. 科学史研究自18世纪后期萌芽，至20世纪上半叶发展到鼎盛时期，形成了一个全新而稳定的学术领域。以乔治·萨顿（George Sarton）为代表形成了人文主义科学史观，受其影响，李约瑟（Joseph Terence Montgomery Needham）和亚·沃尔夫（Abraham Wolf）、罗伯特·金·默顿（Robert King Merton）等人进一步把科学视为哲学思想、社会体制的结果，开辟了科学哲学、科学社会学；而托马斯·库恩（Thomas S.Kuhn）所揭示的科学革命的结构，延伸到诸多人文和社会科学研究领域，引起了思想界的震荡与转型，其中大量涉及早期技艺理论（详见第一章）。这些对于我们从源头出发，重新理解和诠释艺术概念、体系及思想构成，无疑具有极其重要的启示意义。由此，重解柏拉图基于技艺理论的艺术论说就是我们理解其思想遗产无可回避的第一步。
2. 赵墨典、包国光:《柏拉图论“技艺”的本质和分类》,《科学技术哲学研究》2019年第1期。

柏拉图大理石半身像，罗马卡比托利欧博物馆

（https://www.britannica.com/biography/Plato）

也并非严格意义上的古典学研究，而是聚焦两个长期被忽略的关键词——“技艺”和“剧场政制”，从此两重视角来对柏拉图艺术论说展开新的读解。

古希腊语的 τέχνη 可译为技艺、手艺、技能、艺术等，王晓朝先生指出，它在古希腊时期“既指文学、音乐、图画、雕刻等艺术门类，又指医药、耕种、骑射、畜牧等凭专门知识来进行工作的行业”[1]。对于这样一个几乎涵括所有社会生产活动的概念，柏拉图自然不会视而不见，因而在对话中大量论及“技艺”（τέχνη），甚至造出大量以*“-ikê”*为尾缀的新词，如*mimêtikês*、*poiêikê*，*mousikê*、*rhetorikê*、*politikê*，等等，皆指向技艺概念。[2]也就是说，早期西方艺术概念的语义范围指向的是技艺，而非现代意义上独立的、自成体系的“美的艺术”概念。

在柏拉图的思想体系中，技艺是个指向多种能力的庞大范畴，但即便技艺仅作为能力，其指涉对象与范围也远超出“美的艺术”之现代的含义。技艺既包括手工劳作层面的专业程序和技能，也包括实践层面的政治理论，还同时指向纯粹理论；它既是一种专门知识，又指向唯一的普遍性原则的真理性智慧；从满足一般生活方式的手工操作物性生产技艺到满足高尚生活方式的、与灵魂追求幸福相关的政治及伦理等实践技艺，技艺概念以“神性”的最高智慧为导引，贯穿了国家和城邦所需要的生活方式，并可以根据不同的生产内容形成不同的分类体系。柏拉图思想中完成了对技艺的本质、定义、价值及其体系构成等问题的全方位论述，技艺不止是手工意义上的一种劳动程序，它本质上是引导人们构成人类世界的稳定

---

1. 王晓朝为《伊安篇》撰写的内容提要，参见柏拉图《柏拉图全集》（第一卷），王晓朝译，人民出版社2002年版，第297页。

2. 参见［美］爱德华·夏帕《普罗塔戈拉与逻各斯：希腊哲学与修辞研究》，卓新贤译，吉林出版集团有限责任公司2014年版，第54—60页。

知识体系。这样一种追逐稳定性和普遍性知识类型的技艺观深深地铭刻在以希腊为起端的思想史传统中，为后世的艺术概念奠定了极其坚固的思想基石，框定了艺术理论的基本结构。本书由此出发，结合柏拉图的城邦政治哲学基调，进一步阐发其艺术思想的不同面相。

在重点思考柏拉图技艺概念的内核与外延意义的基础上，本书重新回到柏拉图的政治理念，聚焦其剧场政制系统下的技艺理论与诸门艺术的关系；考察柏拉图对艺术的继承与革新问题的态度转变，以及此相关思想对后世艺术理论的影响，重新判定它们于今日艺术学研究的意义和价值。传统美学理论中虽然也注意到了柏拉图艺术论说中的政治要素，但往往集中在《理想国》篇中的片段，从而以一种“控诉”的论调，反对艺术臣服于政治。如克罗齐的《作为表现的科学和一般语言学的美学的历史》、朱光潜的《西方美学史》等都强调柏拉图将艺术与政治、道德伦理捆绑在一起，谴责艺术的娱乐性、模仿性。这种以启蒙思想为基调的柏拉图思想解读方式，虽则张扬了艺术的自由精神，但几百年的理论“进化”也导致了艺术自由的绝对化趋向，同时将柏拉图思想中艺术所被赋予的丰满的社会功能与创造力压缩为一片“唯审美”的薄板。抽离了柏拉图艺术思想中政治学、修辞学、哲学传统及相关的历史场景，原本由“自律”所支撑的现代艺术审美论日益塌陷为一种话语和思想的闭环，这种“艺术正确”导致相关的阅读与思考逐渐变得千篇一律、味同嚼蜡。

事实上，柏拉图基于“剧场政制”的论说构成其后期艺术思想的主体，特别是在《法篇》《政治家篇》《智者篇》中都有较为充分的讨论，这昭示了柏拉图思想在漫长一生中的不断完善和改变。尽管柏拉图思想成熟后的真实政治意图时至今日仍难定论[1]，但其中所附的艺术的功能和价值闪耀着一种理性的异彩，它的存在促使我们反思现代艺术所倚恃的自律问题，重新回归一种弥合理性之客观化与自由之无限性的艺术本质，重新审视物质与精神、经验与理性乃至现象与实在，恢复柏拉图艺术学说在哲学层面的包容性和整一性。

基于前述这样的潜在意图，本书立足当下来梳理历史线索，围绕“技艺”和“剧场政制”两个关键词，对柏拉图的模仿与艺术模仿、灵感与天才、艺术与美、传统与革新等多个概念和命题展开考察。重点阐述“技艺”或“剧场政制”与艺术知识体系的复杂关联，以呈现柏拉图艺术从概念到功能的多重面貌。

第一章，考察技艺概念的学理意义。作为艺术概念的原点，技

---

1. 关于柏拉图的政治主张到底是贵族等级制的还是平民民主制的，学界历来聚讼纷纭，参见王宏文、宋洁人《柏拉图研究》，山东人民出版社1991年版，第29—31页。近来的理论则既认可柏拉图思想中的民主因子，也坦诚面对后期柏拉图对绝对民主制的排斥，如[法]雅克·朗西埃《美学中的不满》，蓝江、李三达译，南京大学出版社2019年版，第27页。

艺（τέχνη）是西方艺术学科确立的逻辑起点。本部分重点考察20世纪以来国内外艺术理论领域对“技艺”与艺术关系的研究成果，发现并理解技艺研究的当前困境，促进学界反思其在艺术学科史中的理论张力及活力。同时，借鉴科学史领域技艺问题的研究成果，在艺术理论中重新确认古代技艺概念中所具备的纯粹理论性与实用性的双重知识特征，确证技艺概念对艺术学科起源及其知识体系形成的重要价值，可有助于形成新的艺术理论架构。

第二章，通过分析柏拉图技艺理论的本质、内核、分类等，证实在柏拉图思想图谱中，技艺是人类生存技能与理性精神的会合点，其内核在于逻各斯精神；同时技艺论中一方面暗含着学术分科意识；另一方面则暗示出一切知识受理性精神的召引。柏拉图的技艺论说以理念为终极目标，引导世人不断追求各种专业知识的理论化，构成了一套实操性经验与演绎性理论交织的知识之网。正是这一技艺概念中的学科化、理论化、系统化的思想因子，推动着从广义的“技艺”概念到狭义的现代“艺术”概念的历史变迁。

第三章，剖解柏拉图模仿和模仿艺术两大概念。通过分析模仿在柏拉图思想中的原义，证实模仿作为一种能力是为后期柏拉图所赞赏的。模仿并非对真实原物的拙劣再现，相反，它是包含着真实性的一种存在，是人的一种正当的生存手段，且模仿的原点在于“上帝”。相应地，艺术模仿之低劣性质在其后期的论说中也得以“平反”。至于作为模仿者的“艺术家”这个概念上的歧义和模糊多由现代艺术观念确立之后的翻译与阐释造成。实际上柏拉图是在两个层面来使用艺术家这一概念的：一是作为一个职业性描述用语；二是作为一种赞誉性描述，且其本意是“万能的工匠”这唯一含义。因此，通过模仿与技艺两个概念，柏拉图将“艺术”设定为介于纯粹理论与应用性实践之间的一个专门知识性概念，既关乎经验又关乎理性。

第四章，分析柏拉图基于理想城邦之要求的技艺、创造与诗之灵感三者间关系。在理想城邦的思想基底上，柏拉图敏锐地察觉到了诗歌的危机，诗歌中灵感与技艺问题是一个巨大的话语分歧点，隐匿其中的矛盾在于：一方面，对于音律、语词节奏等知识规则的掌握是作诗所不可少的；另一方面，作诗者需要超越这种技艺而接受神的附体才能成为优秀的诗人。同时，柏拉图又强调技艺与灵感不同，技艺靠习得，灵感靠神赐。事实上，在《伊安篇》中柏拉图对于技艺与灵感孰重孰轻并无定论，因为彻底否定诗歌技艺的规范和秩序就在一定程度上破坏了他所构想的理想城邦的蓝图。因而不能否定甚至贬抑柏拉图诗歌理论中对艺术作为一门技艺的肯定态度，以及他对于美的理性规定的终极追逐。

第五章，解读技艺与美的定义之关系；在柏拉图的思想中，“技艺”与“美”和“数”两大系统捆绑在一起，在形而上层面生成了一种理性美学特性。“美”（*kalos*）在希腊文化中不只是指感官层面的审美，现代思维方式把希腊人整体观下的与美有关的平行范畴划分为：道德的、智力的、审美的、实践的等，但实际上 *kalos* 一词的真正含义类似于“值得热烈赞美的”。美不仅是一种审美的意趣，而且要指向对比例、适度、秩序的认可等，以及对构成最完美的形式的赞叹。柏拉图对美的定义更直接地表现为强烈的数理思维特质，美分为：比例和尺度等形成的抽象形式美；符合真实的、具备道德有效性的绝对美；存在绝对美，它所赋予事物的程度可以使世界井然有序并拥有显得美好的外形。但是，柏拉图思想中艺术与美在理论上没有直接关联，艺术作品也很少与美置入同一话语体系内，且美也不具备现代意义上的审美语义，它指向的是道德的至善和以数为代表的绝对完美，美在此意义上成为艺术的规定。

第六章，探讨柏拉图的政治、哲学理想与艺术定位。音乐、舞蹈、绘画、雕刻、建筑及戏剧等基础门类间的统一性问题构成艺术学的学术基石。处在西方艺术学科史的早期，柏拉图关于艺术的论说覆盖了几乎所有现代的“美的艺术”门类，而在“剧场政制”语境下，柏拉图将各门艺术集结在由戏剧所承载的制度理想中，提出了政治、哲学和知识承载等原则，贯穿在其关于诸门艺术的论断中。柏拉图的多样原则虽未直接形成艺术体系或现代美的艺术概念，但它们以严密的逻辑勾连支持并凸显了诸门艺术的内在统一性和理论化特性，为后世西方艺术理论的体系化、学科化发展奠定了思想基石。

第七章，分析柏拉图艺术思想背后的艺术史图景，反思柏拉图在特定政治语境下所设定的技艺之属类的艺术问题，考察其法则生成和发展的历史条件；进而反思柏拉图技艺律则与希腊艺术革新间的互动。传统与革新是人类历史永恒的话题，柏拉图时代亦不外如是。柏拉图对埃及艺术传统推崇有加，与其时各门类艺术理论中对规则的发现和崇信不无联系。但面对希腊艺术规则的有机改良，乃至视错觉法的广泛应用，在后期对话《法篇》《智者篇》及《政治家篇》中柏拉图并非一味简单否决，而是借助对技艺概念下的模仿、适度等范畴的不断扩容，为艺术的革新手法和专业知识的精进提供思想通道。柏拉图此举令自己陷入了前后不一的矛盾境地，却为艺术模仿论拓宽了道路，同时也令其自身关于艺术的理论言说与古希腊艺术实践的走向保持了基本的平行和密切的联系，彰显出其技艺概念在艺术学层面的理论张力和活力。

第八章，就柏拉图技艺理论和政治哲学思想中所存在的艺术知识体系因素进行分析整合，从而在艺术学的学理意义上对柏拉图思想形成新的解读和判断。柏拉图所确立的艺术概念从内涵到形态都迥异于现代艺术理论，但先者是后者的概念原型，后者乃先者的自然结果，其要义在于贯穿始终的智识传统。古希腊技艺作为一门专业知识受理性主导和形而上的终极召唤；中世纪“自由七艺”与“机械七艺”概念均追求智识品质；文艺复兴时期艺术家对数理知识的追逐促进视觉艺术知识定位提升和诸门艺术走向统一；启蒙时代在哲学美学的支持下，自由艺术被美的艺术概念取代；19 世纪上半叶黑格尔等人的努力让艺术作为一门科学进入哲学反思阶段，这是西方古代艺术概念先天智识传统的终极形式，也是现代艺术理论的历史起点。自反式的现代与古代艺术理论之间内嵌着一种追逐智识的历史同质性和内在统一性。

结语部分，阐说柏拉图艺术论说所结构的知识图层。以技艺论和戏剧政制为基底，柏拉图为后世的美的艺术理论规定了四个确定的知识系统。第一系统是关于艺术的最高原理，回答艺术之根本律则的问题，以数理知识为主导的技艺理论，主要学科集中在音乐、建筑、雕塑等领域。第二系统是关于艺术本体的，回答艺术是什么的问题。在技艺的思维中提出了模仿论、灵感论、创造论等，主要集中在绘画、诗歌、音乐。第三系统是关于艺术功能的，在一种政治伦理的前提下，回答艺术为什么的问题，以道德教化、娱乐功能为主线的价值论，主要集中在以戏剧为主导的诗歌、音乐、舞蹈等表演艺术论说。第四系统是纯经验层的技术性问题，关于艺术的材质、制作程序等。就艺术的理论构成而言，柏拉图开拓和奠定的是一种立体而丰满的思想结构，其丰富性、完整性及理论的延展性都远超出唯审美自律的现代艺术观念和知识构成，它应当成为重构当代艺术学体系的重要学术遗产和思想资源。

第一章

# 从技艺论谈起

坦诚讲，本书关于柏拉图技艺理论和艺术论说的重新读解，更多是受西方科学史研究启发而成。科学史研究自18世纪后期开始萌芽，至20世纪上半叶方在哲学、社会学研究的助攻下，发展到一个鼎盛时期，形成一个全新而稳定的学术领域，并取得了巨大成就。其中倡导人文主义科学史观的乔治·萨顿功不可没。从1927年到1948年间萨顿共出版《科学史导论》(*Introduction to the History of Science*) 3卷5册，其中对于科学史研究方法、理念、规范要求及评价标准等的设定，超越了科学主义立场，确立了作为一门学科的科学史，并奠定了

乔治·萨顿

(https://pic.baike.soso.com/ugc/baikepic2/10368/20181205200852-1218534495_jpeg_530_725_74902.jpg/0)

这门学科的基本架构。此外，为国内学界所熟知的李约瑟耗时半个多世纪完成的中国科学技术史研究[1]，亦都是科学史研究中的经典之作。同样，科学史中的断代史研究成果也非常突出，如亚·沃尔夫从科学技术与哲学的联系角度研究16世纪至18世纪的科学史[2]；美国的罗伯特·金·默顿在科学社会学研究的基础上，把科学这种知识体系视为一种社会体制进行历史的考察[3]，等等，皆属科技史方面的扛鼎之作。

20世纪下半叶另一位极其重要的科学史学者当数托马斯·库恩，在《科学革命的结构》(*The Structure of Scientific Revolutions*)一书中，他从科学史的视角探讨常规科学和科学革命的本质，第一次提出了范式理论及不可通约性、学术共同体、常态、危机等概念，提出了革命是世界观的转变的观点，深刻揭示了科学革命的结构，开创了科学哲学的新时期，成为科学哲学史上一道重要的分水岭。其影响不仅在于科学史、科学哲学、科学社会学等相关领域，而且延伸到社会学、文化人类学、文学史、艺术史、政治史、宗教

---

1. [英]李约瑟:《中国科学技术史》，科学出版社、上海古籍出版社1990年版;[英]李约瑟:《文明的滴定》，张卜天译，商务印书馆2016年版。
2. [英]亚·沃尔夫:《十六、十七世纪科学、技术和哲学史》，周昌忠等译，商务印书馆1985年版;[英]亚·沃尔夫:《十八世纪科学、技术和哲学史》，周昌忠等译，商务印书馆1991年版。
3. [美]罗伯特·金·默顿:《十七世纪英格兰的科学、技术与社会》，范岱年等译，商务印书馆2000年版。

托马斯·库恩

（http://www.lifeweek.com.cn/2012/0522/37256.shtml?tag/7s80v）

史等人文和社会科学领域[1]，引发了思想界的震荡与转型。概言之，科学史是一门20世纪才稳定下来的新学科，它强调对科学技术进行社会学、哲学等多角度历史考察，揭示各时期科学推进过程背后起支配作用的概念和机制等，并对其进行深刻反思和解释，从根本上改变了现代科学观念和思维范式，这一点对于艺术理论，特别是我国艺术学科的发展具有非常重要的启示意义。

与科学史的研究从全新的角度揭示出历史上科学的原真样貌，从而改变了当下人们对科学这门宏大学科的认知态度和思维方式一样；以18世纪中叶以美的艺术为标准的现代艺术体系的确立为节

1. 参见［美］托马斯·库恩《科学革命的结构》（第四版），金吾伦、胡新和译，北京大学出版社2012年版。

点，将艺术[1]视为一门学科和一类知识，在哲学、社会学乃至科学史的领域结合传统艺术史和艺术理论的研究成果，追根溯源地考察现代艺术体系的生成脉络，不仅有助于艺术理论走出时下单调颓萎的话语主题，更可解构固有艺术知识带来的观念强制。以历史研究突破长期以来的唯“现代”艺术认知模式带来的思维僵局，扩大并充实艺术学的学术领地，从而将艺术学学科建构在一个更为开阔而深厚的历史基础上，这是目前中国艺术学取得理论合法性必不可少的一步。

由于种种原因，西方一般艺术学意义上的学科史研究还是一个尚未开垦的处女地。[2]目前我们开展此研究，在研究方法、路径、理念、规范、标准等方面尚无可参照范本，相关成果仅在部分美学史、艺术史等研究领域有所观照。[3]在此情境下，需要在由作家、作品构成的传统艺术史之外，从艺术概念史这一维度切入现代艺术体系的生成历史，以达到对艺术这门学科的演进过程的历史分析。

---

1. 由于所讨论的古希腊 τέχνη 概念之含义太过宽泛，且更多具备广义的技艺意义，因此本次写作选择将 τέχνη 翻译为“技艺”。论述中涉及近代形成的 fine arts、Art 等具备主体性的狭义概念时，则直接使用“艺术”这一词语，以便对“技艺”和“艺术”两个概念进行区分。
2. 从目前所掌握的材料看，自20世纪三四十年代之后，国外其他地区鲜见有如中国一般，针对“一般艺术学”进行专有的学科建构。
3. 参见孙晓霞《艺术概念史研究与艺术学理论的学科困境》，《南京社会科学》2018年第12期。

这是一个比较可行的研究视角。但是，进入艺术概念史研究的第一环节，我们就面临着一个巨大的困难，即考察“技艺”（τέχνη）与艺术之间的复杂关系。

众所周知，在西方艺术概念的演进过程中，从希腊语的 τέχνη、拉丁语的 ars 到 18 世纪中叶确立的“美的艺术”，即 fine arts，几个概念彼此之间虽密切关联，但并非严丝合缝的对应或承接关系，它们分别在历史的不同阶段指向各自不同的知识领域。古希腊时期的 τέχνη 是一种广义的技艺概念，其范畴中部分包含着 18 世纪以来的美的艺术概念；拉丁语的 ars 在中世纪阶段是指“自由艺术”，是一套与美的艺术系统及其概念所包含对象针锋相对的知识体系，从知识等级和社会阶层等多方面对现代艺术体系中如绘画、雕塑、舞蹈等诸多门类造成压制。[1] 加之，即便是“美的艺术”这一概念确立之后，大写的 Art、小写的 art 及美的艺术 fine arts 三个概念亦是大相径庭。艺术概念演变的复杂性不言而喻。而就 τέχνη 一词歧义丛生的繁芜含义而言，认同艺术与科学的同源性是考察艺术自身学科历史的

---

1. 中世纪时期的 ars 通常是指由修辞、语法、逻辑组成的三艺“trivium”和数学、几何、天文、音乐组成的四艺“quadrivum”所构成的七门自由艺术（liberal arts），在 12 世纪由圣维克多的于格提出了与自由七艺相对应的七门机械艺术（mechanical arts），包括：第一种提供衣物；第二种提供保护；第三、四种提供食物；第五种医治患者；第六种使人在地上运动；第七种戏剧类的（theatrica）提供和组织娱乐的艺术。（Jerome Taylor ed., *The Didascalicon of Hugh of ST. Victor, A Medieval Guide to the Arts*, Columbia University Press, 1991, pp. 84–154）

第一起点，这一点对于我们理解艺术理论及艺术作为一门学科的发展历史无疑是具有重大意义与理论价值的。但是，对于艺术理论而言，τέχνη 概念与艺术之关系的研究尽管也有展开，目前却未形成有影响的普遍性共识。人们所理解的艺术与技艺的关系也形态各异。

## 一、“艺术不是技艺”

传统美学史研究中深入探究技艺（τέχνη）与艺术（art）之关系的实则不多，即便偶有涉猎也是浅尝辄止，更多是对二者之关系持一种消极的判断，多认为技艺并没有与感官意义上的美的问题发生直接的关联。此乃因为，一方面，哲学家们所讨论的技艺作为一种社会必需的知识，与社会的善、知识的真等相关，并非只以感性美为目的；另一方面，希腊语的美和拉丁语的对等词（pulchrum）从未彻底地与道德上的善区分开来。在传统美学的理论叙事中，大多数倾心于一种基于现代审美理论的情感论、表现论等来证实技艺与艺术的不可相容性，从而热衷于对技艺理论进行围剿，最终在艺术理论的历史建构中彻底消除了与技艺有关的理性主义的痕迹与存在意义。例如，鲍桑葵就围绕着“道德主义原则”“形而上学原则”和“美学原则”来论述希腊时期的美学[1]，技艺问题未被纳入其考察

1.［英］鲍桑葵:《美学史》，张今译，商务印书馆1985年版，第24—54页。

范围。因此，在传统的美学论述中寻章摘句，是寻不出技艺对艺术学科的经典意义的；相反，其中倒是有颇多否定技艺的论调。

“艺术不是技艺”，从美学角度否定技艺意义的典型代表是罗宾·乔治·科林伍德（Robin George Collingwood，1889—1943）。在1938年出版的《艺术原理》（*The Principles of Art*）中，科林伍德

科林伍德

（https://book.douban.com/author/120724/）

在讨论希腊艺术时，专辟一节论述技艺与艺术的关系问题。显然他对技艺怀有深深的“敌意”。尽管他也承认“技艺哲学是希腊精神最伟大和最坚实的成就之一”[1]，但从现代艺术的审美立场出发，他首要做的就是将古希腊时期的技艺概念标定为艺术的所谓“陈旧含义”，且并不以为技艺概念与艺术有相一致性的地方，“与其有一种艺术理论从一开始就让我们厌烦，倒不如根本没有什么艺术理论”，因为“真正的艺术不可能是任何一种技艺”。[2] 故而科林伍德认为：“在希腊人和罗马人那里，没有和技艺不同而我们称之为艺术的那种概念。我们今天称为艺术的东西，他们认为不过是一组技艺而已，例如作诗的技艺。依照他们有时还带有疑虑的看法，艺术基本上就像木工和其他技艺一样；如果说艺术和任何一种技艺有什么区别，那就仅仅像任何一种技艺不同于另一种技艺一样。”[3] 科氏声称，技艺所指称的就是“通过自觉控制和有目标的活动以产生预期结果的能力”[4]，他将技艺的特征提炼为六类：

1. [英]罗宾·乔治·科林伍德:《艺术原理》，王至元、陈华中译，中国社会科学出版社1985年版，第18页。
2. [英]罗宾·乔治·科林伍德:《艺术原理》，王至元、陈华中译，中国社会科学出版社1985年版，第20、26页。
3. [英]罗宾·乔治·科林伍德:《艺术原理》，王至元、陈华中译，中国社会科学出版社1985年版，第20页。
4. [英]罗宾·乔治·科林伍德:《艺术原理》，王至元、陈华中译，中国社会科学出版社1985年版，第15页。

（1）在手段和目的之间的区分；

（2）在计划与执行之间的区分；

（3）在计划过程中手段与目的以某种方式彼此相关，在执行过程中，它们以相反的方向相关；

（4）在原料和制成品之间的区分；

（5）存在着形式与物质之间的区分；

（6）各种技艺之间存在着一种等级关系。[1]

通过将此六大特征与现代艺术的定义一一比照，科氏认为技艺理论对近代以来公认的几乎全部艺术典范都是不适用的，从而将艺术彻底地从技艺中抽离出来。科林伍德对古希腊技艺理论的反对对当时艺术界产生了颇为深远的影响。

显然，科林伍德所要考察的那个“艺术”是以感性、情感及表现之名睥睨天下，因而会反对早期工匠为预设目的而构造恰当手段时所使用的那种能力（技艺）的艺术观，如此就在近代以来的美学观基础上确认了反技艺的艺术观，从而直接切断了在古希腊技艺理论中探寻“原理”的可能。当然，对于接下来他所投身的情感和表现等原理的论证而言，科林伍德无疑是扫除了一个大麻烦。

面对这类过于偏激的观点，必定会有反对者。

---

1.［英］罗宾·乔治·科林伍德：《艺术原理》，王至元、陈华中译，中国社会科学出版社1985年版，第15—16页。

强调概念之真义者，如艾瑞克·哈洛克（Eric Havelock）就认为科林伍德等人回避了柏拉图技艺概念中的认识论价值，以至于将它从自我系统驱逐，这是基于两种误解，一是以为柏拉图的艺术概念的含义与我们今天的艺术概念完全一致；二是以为古希腊的技艺概念中必须包含诗歌。他指出，“这是对我们所应用的‘艺术’和‘艺术家’等词都不能翻译成古希腊语或高级古典希腊语这一事实的蔑视”[1]。他进一步解释道，柏拉图文中的艺术或艺术家很多时候是一种比喻性的，例如，生活的艺术，领导的艺术，宇宙的秩序等，应该从这些角度来解译，才能专业地解读“柏拉图的艺术理论”之真义。[2]

强调知识之本源统一者，如戴维·L. 瓦格纳就更注重技艺概念对包含艺术在内的各类知识的本原性价值。他发现，τέχνη 的概念是对希腊理性主义的另一种说明，中世纪的拉丁语的 *ars* 则是与希腊语 τέχνη 等价的一个词语，皆意指“从一个明确的出发点（或本原）导出的一套系统而完备的知识”[3]。这显然是超越了纯粹审美的

1. Eric A.Havelock, *Preface to Plato*, Cambridge, Massachusetts and London: The Belknap Press of Harvard University Press, 1963, p.29.
2. Eric A.Havelock, *Preface to Plato*, Cambridge, Massachusetts and London: The Belknap Press of Harvard University Press, 1963, pp.33－34.
3. [美]戴维·L.瓦格纳编:《中世纪的自由七艺》，张卜天译，湖南科学技术出版社 2016 年版，第 33 页。

价值含义来理解艺术概念的，颇有启示意义。

在翻译《艺术原理》时，国内学者王至元也曾对科林伍德的那种二分方式表示了质疑。在译者前言中，王至元认为科林伍德“抹煞了或至少是贬低了理性、世界观和逻辑思维在艺术创作中的指导作用，明显地违反了艺术创作的普遍事实。他有关艺术与技艺之间差别的种种说法固然使问题具体展开了，但未能把握艺术与技艺的真正区别”[1]。与前述的诸多技艺问题探讨的成果相比，王至元发现了科林伍德自身的问题，但他自己也同时把技艺问题局限在了艺术创作这一环节，将技艺作为达到目的的一种手段，这种思路依然是科林伍德式的，所依循的主导观念还是现代艺术观，而非历史上本原的“艺术”概念原貌。

## 二、技艺作为“知道”(wissen)

技艺作为“知道”(wissen)，是海德格尔关于古代技艺理论的另一种判断。尽管传统美学研究对古代的技艺问题多持否定态度，但不得不承认，与其他学科相比，艺术作为一门直接从技艺概念演变而来的学科体系，它与古代“技艺”问题的内在关联尤为密切。

---

1. [英]罗宾·乔治·科林伍德:《艺术原理》，王至元、陈华中译，中国社会科学出版社1985年版，第3页。

随着科技哲学的发展，人们逐渐意识到，在早期的知识域内，艺术与科学、知识及理性间的关系并不是纯粹实用技术与形而上理论之间的二元分立状态。相反，在一个广义的技艺概念下，实用性的技术与形而上的理论之间有内在的关联性和目标的一致性，这应该是艺术演化为一门学科的逻辑起点，它决定了后世艺术概念、理论及学科的历史发展方向。在一种更多偏重科技哲学的研究思路下，海德格尔对技艺概念的再解读充分地涉足艺术与技艺关系问题，为我们提供了理解早期艺术概念的全新思维范式。

在20世纪30年代发表的《艺术作品的本源》一文中，海德格尔将艺术作为一种本源，他考察作品的哲学起点是技艺（τέχνη）的原义[1]，并就此形成他深邃的、极具穿透力的思想论断。他反对仅从人的体验角度，把艺术作品当作一个对象、一个感性知觉的对象，“也许体验确是艺术死于其中的因素”；“假定形而上学关于艺术的概念获得了艺术的本质，那么，我们就决不能根据被看作自为的美来理解艺术，同样也不能从体验出发来理解艺术”。[2]海德格尔试图在艺术作品与艺术家二者之外寻求“第三者”，因此他将τέχνη这个词作为“知道”的一种方式，而不是单纯手工技艺层面的某种

1. 参见［德］马丁·海德格尔《林中路》（修订本），孙周兴译，上海译文出版社2008年版，第57页。

2. ［德］马丁·海德格尔:《林中路》（修订本），孙周兴译，上海译文出版社2008年版，第58、60页。

实践方式来解读。他将希腊思想中的“知道”的本质指向了存在者之解蔽，认为艺术作为一种生产能使得存在者以其外观而出现在其在场中，“它承担和引导任何对存在者的行为。由于‘知道’使在场者之为这样一个在场者处于遮蔽状态，而特地把它带入其外观（aussehen）的无蔽状态中，故而 τέχνη 作为希腊人所经验的知道就是存在者之生产，τέχνη 从来不是指制作活动”[1]。技艺在此就不再是单纯的制作技巧，而是与知识重合为一体的。

海德格尔

（https://www.zgnfys.com/a/nfpl-54083.shtml）

1967 年，在雅典科学与艺术学院的学术报告中，海德格尔再次通过对技艺一词的解读，更为透彻地阐释了艺术问题。在演讲

1.［德］马丁 · 海德格尔：《林中路》（修订本），孙周兴译，上海译文出版社 2008 年版，第 40 页。

中，他从三个问题进入古代科技与艺术的关系：雅典娜对于艺术起源的价值能告诉我们什么？以艺术从前的起源为焦点所看到的今天的艺术情形如何？现代所思索的艺术之起源这种思想本身又是从哪里得到规定的？以此三个问题为导引，海德格尔解读了古希腊时期的技艺之谜。

从雅典娜之名 πολύμητις 谈起，海德格尔发现此名字除“十分聪明的，富有创造力”的含义之外，还有另一面相，即预先思考、预先思谋以使某事成功之义。正是这样的雅典娜，不仅是智慧女神，还被奉为艺术（技艺）女神。她将自己特殊的猜度能力赠予了制造器皿、器具和饰物的男人们，具备这种能力的人并不限于手艺人和工匠，而是所有精于制造、擅长业务、能够主管事务处理的人，这些人被称为艺人（τέχνίτης）。作为“艺人”，他们的行为是一种具有灵性与悟性引导的技艺，“此种领悟冠有技艺之名”。其核心不在于制作，而在于一种“解蔽的知识”，这种知识是一种“先行看到那个在某个产物和作品的生产过程中的关键之物”[1]，它是不可见的，却又指引形态、给予尺度的，从而让作品成为可见可闻的，故此是一种预先洞见的知识。这种预先洞见的知识所指向的作品不仅是物，也可能是科学和哲学的作品、诗歌和公开演讲的作品。

---

1. [德]M. 海德格尔：《艺术的起源与思想的规定》，孙周兴译，《世界哲学》2006年第1期。

已知的是，古希腊时期，“艺术是技艺，但不是技术。艺术家是艺人，但既不是技术员也不是工匠”[1]。这样，海德格尔就区分了作为知识的“技艺”与作为纯粹的单纯制作的“技术”的技艺，并将古希腊人的艺术应合于涌现、自然，这样的技艺“绝不是依然在场者的一种复制和描摹”。只不过，“使涌现自然与技艺得以共属一体的那个要素，以及艺术为了成为它所是的东西而必须投身其中的那个领域，依然是蔽而不显的”[2]。涌现不是自然生长的数量增加，而是通过敞开而揭蔽的事实[3]，在这种技艺观中，“艺术”的存在形态和意义都不仅仅指称传统理论中所标举的柏拉图否定式的“艺术模仿论”；而是有待被精深开掘的多种可能，其中最为闪耀的、也最值得关注的乃是它的知识属性。

## 三、技艺与艺术的共源

国内从技艺通达艺术的学术问题，较早地发自朱光潜的思考。在美学与艺术领域开始充分探讨古希腊“技艺”与“艺术”问题的研究多活跃于20世纪90年代前后。不过在此之前，朱光潜就已

1. [德]M. 海德格尔：《艺术的起源与思想的规定》，孙周兴译，《世界哲学》2006年第1期。
2. [德]M. 海德格尔：《艺术的起源与思想的规定》，孙周兴译，《世界哲学》2006年第1期。
3. 参见范玉刚《睿思与歧误：一种对海德格尔技术之思的审美解读》，中央编译出版社2005年版，第59页。

经意识、察觉到该问题了。他发现古希腊人的技艺（τέχνη）没有区分“艺术”和“手工艺”，其中却能“见出所谓‘美的艺术’和‘应用艺术’或手工艺的密切关系”[1]。

应该说，朱光潜在此已经触碰到了基于理性要求的技艺与艺术之关系的关键，但他并没有在此问题上停留，而是从社会分层的角度，将柏拉图对于雕刻、图画之类的技艺思考放在灵感的对面，认为技艺概念包含的更多是与手工艺、农业一起归结为奴隶和劳苦的平民的生产劳动，也由此将柏拉图的艺术概念和美的概念归结为是建立在鄙视群众、鄙视劳动实践和感性世界的哲学基础上的。但是，朱光潜毕竟见出“柏拉图在哲学上和美学上的中心思想都是‘理式’”[2]，也承认这个概念对后来的艺术影响最大，而同时，在翻译柏拉图《文艺对话集》时，他明确指出“近代把‘艺术’与‘技术’分开，强分尊卑，是一个很不健康的看法”[3]。只是在《西方美学史》一书的写作中，朱光潜并没有太多将“美的艺术”问题与技艺及与“理式”相关的知识问题联系起来进行更为精深的分析。

值得注意的是，尽管朱光潜没有继续对艺术的技艺问题深入考察，但他充分意识到了从学科角度考量艺术知识的重要性，肯定了

---

1. 朱光潜：《西方美学史》，商务印书馆2011年版，第50页。
2. 朱光潜：《西方美学史》，商务印书馆2011年版，第69页。
3. 柏拉图：《文艺对话集》，朱光潜译，人民文学出版社1963年版，第5页。

艺术系统中的理性问题。在考察其暮年为何要苦心孤诣地翻译维柯的《新科学》时，有观点认为此乃朱光潜美学思想前后断裂的一次自我缝合[1]；也有观点认为他是为了帮助人们了解马克思主义的实践的观点，了解辩证唯物主义与历史唯物主义，或是反观中国文化（朱光潜曾在庐山写下了《从维柯的〈新科学〉看中国古代社会文化》一文）。[2] 更多时候，人们多少会用带有政治立场的视角来判断朱光潜翻译维柯的学术初衷，难免将问题扁平化。

实际上，《新科学》最早于 1725 年出版，原名为《关于各民族的本性的一门新科学的原则，凭这些原则见出部落自然法的另一体系的原则》，如果从维柯本人所致力的哲学、法学和语言学三个学科间的联系来看，该书的主题是基于"人类原则的"[3]，是借由诗性智慧来寻找人类的思想和语言原则的"科学性"著作。通过论证形象思维（诗）和抽象思维（哲学）的分别和关系[4]，维柯从诗的原则研究语言原则、神话原则，证明了"希腊神话故事对早期希腊政治制度提供了历史凭证"，并借助这种凭证"来说明全部古代英雄

1. 参见董学文、凌玉建《"断裂"与"缝合"：维柯〈新科学〉在朱光潜晚年美学生命中的地位与作用》，《甘肃社会科学》2011 年第 2 期。
2. 参见朱墨《朱光潜翻译维柯〈新科学〉的原因、过程与收获》，《学术界》2014 年第 6 期。
3. [意]维柯：《新科学》，朱光潜译，商务印书馆 1989 年版，英译者引论，第 14—15 页。
4. 参见朱光潜《维柯的〈新科学〉简介》，《国外文学》1981 年第 4 期。

时期政治体制的寓言史”[1]。各学科的原则在维柯看来都是来自神的，是这种神之光渗透到一切科学中，让各科学以共同的枢纽联系在一起。包括艺术在内的各门科学之间是有内在的系统性的，其关联在于一种“神”性。

显然，朱光潜翻译《新科学》，并不只是单一地出于维柯是自己老师（克罗齐）的精神先师[2]这种师承方面的情感因素，而是基于他对人文学科知识体系的统一性意识。正如他所指出的那样，作为一个柏拉图形而上学的信徒，“维柯所理解的‘诗’取希腊文‘制作’或‘创造’的意义，所以不但包括各种文学和艺术，也包括一切典章制度例如政治和法律”[3]，因此可以通过“诗”来洞察社会、政治、伦理、宗教等各学科原则和秩序等知识。超越“诗”之现代含义，在制作、创造、社会、政治的层面来认识人文学科原则，这在当时中国是还未被普遍意识的一种学科研究范式。这与朱光潜认可艺术与技艺之关联的学科特征无疑是相通的。

朱光潜认为维柯将经验与理性结合、史料与哲学批判结合、语言学与哲学结合[4]，发现了“关于人文学科的统一性的思想和原始民

1. [意]维柯:《新科学》，朱光潜译，商务印书馆1989年版，第707页。
2. 参见[意]克罗齐《维柯的哲学》，[英]柯林伍德英译，陶秀璈、王立志中译，大象出版社2009年版。
3. 朱光潜:《维柯的〈新科学〉简介》，《国外文学》1981年第4期。
4. 参见朱光潜《西方美学史》，人民文学出版社1979年版，第319页。

族神话起源”[1]；这种研究或将对中国未来的社会学科发展带来重要的启示。可以说，朱光潜所具备的是理性的治学眼光，对艺术的学科化认识，以及对人文学科的内在知识体系、包括艺术与其他学科的一体性原则的重视，均十分超前。大胆设想一下，假若在翻译《新科学》之后身体状况允许，或上天能赐他更多的时间和精力，以朱光潜对古希腊艺术中的学科问题的高度敏感性，在艺术中的技艺问题研究方面必当会有所突破。遗憾的是，历史不由我们所假设。

## 四、技艺作为知识

将技艺作为一种知识，主要出于国内艺术界的古希腊“技艺”研究。近年来，随着科技哲学的发展，国内探讨古希腊“技艺”与科技、艺术等关系的热度也开始升温，大量著述在世纪交替之际相继问世，主要的研究方向根据学科不同而有所差异，但总体而言，都日益强调技艺作为知识的重要性。

从艺术领域对古代技艺问题进行审视的最具代表性的著作是陈中梅翻译、评注的《诗学》《柏拉图诗学和艺术思想研究》等。陈中梅对古希腊的文学艺术与技艺问题进行了详尽深入的考察，通过

1. 朱光潜：《维柯的〈新科学〉简介》，《国外文学》1981年第4期。

注释工作，对柏拉图和亚里士多德等人思想体系中的技艺问题进行了知识、伦理等多角度的解析，其成果成为当前古希腊艺术理论研究案头必备的重要文献。[1]例如在《诗学》的附录部分，陈中梅对 τέχνη（*technē*）一词进行了梳理，他强调在希腊时期的技艺是个笼统的术语，既指技术和技艺，亦指工艺和艺术，与 *technē* 相关的词汇如 *tekhnites*、*kheirotekhnes* 或 *demiourgos* 既指雕塑家，亦指矿工、采石工或建筑师。作为技艺，τέχνη 的目的是生产有实用价值的器具；作为艺术，τέχνη 的目的是生产供人欣赏的作品。[2]在陈中梅看来，希腊文化中的 τέχνη 并不总是像亚里士多德那样局限在狭义的理性主义中，而是一种制作或促成力量，是方便和充实生活的"工具"，但是希腊人没有用不同的词汇严格区分我们今天所说的"技术"和"艺术"。古希腊的技艺既是一套法则，具有一定程度上的理论（*theoria*）可塑性，又是一种旨在生产的实践，需要经验（*empeiria*）作为基础，技艺因此既不对等于纯知识性的 *theoria*，也不完全等于纯经验的 *empeiria*，它是与实践相关的，在观察的基础上对经验进行的提炼和总结。[3]技艺作为一种连接理论与实践的中间纽带，是纯理性知识与具体艺术实践的结合部位，也就具有了

1. 陈中梅:《柏拉图诗学和艺术思想研究》，商务印书馆1999年版。
2. 参见亚里士多德《诗学》，陈中梅译注，商务印书馆1996年版，第234—235页。
3. 参见陈中梅《柏拉图诗学和艺术思想研究》，商务印书馆1999年版，第221页。

理性认知艺术这门学问的知识性前提，为从技艺出发理解艺术的学科史问题铺就了一条坦途。

21 世纪以来，李心峰曾在整理“美的艺术”的概念历史时对技艺一词有过简单的梳理，他先后介绍了科林伍德、竹内敏雄、克利斯特勒等的研究成果。例如，竹内敏雄所解释的德语“kunst”一词主要指“巧妙解决任何难题的特殊的熟练技艺”；这个词既包括艺术，也包括工艺艺术，他特别强调：竹内敏雄注意到了“kunst”的古代含义——学问、知识、智慧等意义。[1] 这些成果皆是艺术学史研究的重要线索。

近几年，相关研究领域也陆续有新成果出现。2017 年山东大学尹德辉的博士学位论文《艺术哲学视野下的古希腊“技艺”思想研究》对古希腊时期“技艺”领域的材料进行过细致的梳理和分析，并以哲学思想史为基础对这一时期的技艺问题进行了深入的探究，涉及技艺与自然的关系、艺术与美、善、快乐等问题。虽然在文中，古希腊技艺概念与哲学伦理关系是其探讨的核心，但该文也清醒地看到了技艺概念与“美的艺术”观念之间的关联性，指出了这种关联性的重要意义。尹德辉认为其研究只是完成了理论探索的第一步，下一步要“直接进入以康德为核心的近代的艺术和美学思想，去考察古希腊人处在萌芽中的艺术和美学思想在经过了普罗提

1. 参见李心峰主编《20 世纪中国艺术理论主题史》，辽海出版社 2005 年版，第 4—6 页。

诺的中转和经院哲学的过渡之后，在自培根和笛卡尔以来的近代思想的解构中发生了怎样的变化。只有完成了这一部分的研究之后，把结论再拿回到柏拉图和亚里士多德那里，才算是能够对柏拉图和亚里士多德的艺术和美学思想进行全面的研究了”[1]。同时，他认为只有对“艺术”进行一次跨越时空的问题史研究，才有可能得到一些关系到艺术思想史的答案。虽然当时尹德辉在文中并未继续深入这些问题，但他的技艺概念整理确实为以古希腊为开端的、进行有历史连续性的艺术研究铺就了一条道路，为解决前述问题提供了初步的纲领和基础。

此外，还有从技术的角度思考艺术与技术问题、考察西方艺术的历史性生成，区分艺术、技艺和技术的自身边界等成果，如李万军认为对于现代和后现代艺术而言，艺术不再是创造，而是技术的技术化等；他通过对艺术、技艺和技术的思考，认为艺术应回溯到技术的技艺的层面，让技术通过技艺回归艺术。[2]另有部分从艺术生产的质料、手工艺层面解读技艺理论的[3]；以及从伦理学角度探讨

1. 尹德辉:《艺术哲学视野下的古希腊“技艺”思想研究》，博士学位论文，山东大学，2017年，第162—163页。
2. 参见李万军《艺术 · 技艺 · 技术——西方艺术的历史性及其相关问题》，《武汉科技学院学报》2006年第1期。
3. 参见刘德卿《古希腊美术的技艺观念》，《艺术探索》2013年第4期。

古代技艺与善、美德的关系的[1]；从语义和系统上整理考察“技艺”本体及其研究路径的[2]；等等。

## 五、技艺作为学科之源

将技艺作为艺术与其他学科的共同起源来考察柏拉图的艺术思想，主要是来自科技哲学领域的启示。新近的科技哲学研究表明：关于技艺与知识、技艺与理论科学的关系的讨论在美学学科没有诞生之前的古代社会就已经普遍存在了。“技艺”一词在古希腊时期是政治、宗教、科学等其他科学联结一体的重要交汇点，这一点在哲学、科技史研究领域已基本达成共识。不同于通常那种把技艺理解为一种完全应用型的知识，科技哲学研究趋向认为，纯粹理论化的知识与应用型科学应该是共生一体的，而不应被强分高下。

20世纪30年代，大卫·普林爵士（Sir David Prain）就倡议在科学研究中要关注应用科学与纯粹科学之间的关联性，“人们所称呼的应用科学无非就是纯粹科学在特殊问题上的应用”[3]；他

---

1. 参见赵猛《“美德即知识”：苏格拉底还是柏拉图？》，《世界哲学》2007年第6期。
2. 参见周仁成《“技艺”在西方语境中的构成及研究可能性——以柏拉图和亚里士多德为例》，《江西社会科学》2010年第1期。
3. Sir David Prain, “Science Discipline”, *The British Medical Journal*, Vol.2, No.3643 (Nov.1 1930), pp.749–750.

认为要通过大辩论来让科学界的真理立法者确信，“科学促进会（Association for Advancement of Science）”必须在百年内找到一个有足够胆识、敢于说在纯粹科学与应用科学之间并没有真正区别的首领。物理学家弗朗西斯 · 罗林斯（F.I.G.Rawlins）也提出：“我们也许会假定形而上学在知识等级中拥有其传统的地位，但是也有一种特殊的理解类型被假定为应用科学应该拥有其位置，因为知识体系中应该包含那种强大的、在纯粹科学中缺失的价值论元素。”[1] 特别值得关注的是，《斯坦福哲学百科全书》中有关“技艺”的词条显示：在20世纪中期时，学界已经明确反对那种知识优于技艺的学科体系，人们普遍认为技艺不能游离实用这个内核，技艺背后确实隐藏着知识这样一个永恒的概念，这个概念并不是现代人的发明，而是早在古希腊人的思想中就已经形成。[2] 这些观点提示我们，古希腊“技艺”问题关涉所有知识性学科的起源。

国内科技哲学领域对于探讨古希腊技艺本体（技艺作为一种知识）的技术伦理研究也为我们带来了全新的技艺观。例如，从学科领域思考技艺（τέχνη）与知识（epistēmē）的关系在科技哲学

---

1. F. I. G. Rawlins, “Episteme and Τέχνη”, *Philosophy and Phenomenological Research*, Vol.10, No.3（Mar. 1950）, pp.389–397.
2. Stanford Encyclopedia of Philosophy：Episteme and Τέχνη。First published Fri Apr.11, 2003；substantive revision Sun Jun.22, 2014.（https://plato.stanford.edu/entries/episteme-Τέχνη/#1）

领域是个十分重要的问题。吴国盛的科学史研究发现：拉丁语的 *scientia* 与德语中的 wissenschaft 类似，都有一个较为广泛的含义，不仅有自然科学，也包括社会科学、人文科学，一体化的学科概念根植于希腊和中世纪的“学问”和“知识”传统中，这种“求知”精神、“理论”的理性、“对象化—主体化”的思想方式，正是科学（哲学）的传统[1]，其特点在于将技艺包纳在理性之中，从而形成一种“纯粹为‘自身’而存在，缺乏功利和实用的目的”“不借助外部经验，纯粹依靠内在演绎来发展自身”[2]的学科特征。除此之外，也有探讨古希腊技艺与自然、技艺与自由的关系[3]等。这些理论启示我们，包含在技艺概念之内的古代艺术概念也应该有作为知识的理论传统和思想基石，才能在现代注重非理性的艺术主张之外找到其合理的学科起源。

此外，目前最为常见的关于早期的技艺概念研究，多集中在西方的古典学研究领域，技艺理论在修辞学、伦理学甚至法学研究中都颇受重视，相关著作成果也很多，例如，斯蒂芬·哈利维尔（Stephen Halliwell）在《亚里士多德诗学》一书中强调，技艺作为

1. 参见吴国盛《科学与人文》，《中国社会科学》2001年第4期。
2. 吴国盛：《什么是科学》，广东人民出版社2016年版，第49页。
3. 如文成伟、刘则渊：《古希腊理性对技术的审慎》，《自然辩证法研究》2003年第8期；林志猛：《自然与技艺——试析柏拉图〈法义〉对自然哲学的批判》，《自然辩证法研究》2012年第10期等。

一个标准的希腊词，同时包含着实践技巧，以及其中所具备的系统知识或经验两层含义。[1]汤姆·安吉尔（Tom Angier）的《亚里士多德伦理学中的技艺：塑造道德生活》(*Techne in Aristotle's Ethics: Crafting the Moral Life*）[2]强调技艺塑造道德品行的意义与价值等。不论是在修辞学中，还是在伦理学中，技艺作为一门专业知识的属性已受到越来越多的关注和重视。

从上述的梳理中可以看出，作为一个哲学问题，古希腊时期的技艺在后世所分化出的两大领域——科学和艺术，二者与技艺的关系研究在20世纪均有新的推进。在科技哲学领域，对科学与技艺作为纯粹理论与应用性知识的同一性关系得到深刻的反思后，人们发现“技艺”不仅意味着高度发达的手工的技术，而且暗示着一些理论性、知识性、智慧性的行为，这一点对于考察、思考并重塑西方艺术理论史和概念史意义重大。技艺与艺术的关系研究将为艺术理论研究提供不一样的视角和维度。

不过目前的情况可能并不乐观，尽管海德格尔及国内外科技哲学、艺术理论中的技艺概念研究极具思想和史学方法的启发性，但并未从根基上撼动当代艺术理论及美学界对艺术与技艺关系的固化而陈旧的既定认知与判断——艺术必然排除技艺。在艺术的理论域

1. Stephen Halliwell, *Aristotle's Poetics*, Chicago: The University of Chicago Press, 1998.

2. Tom Angier, *Techne in Aristotle's Ethics: Crafting the Moral Life*, London: Continuum, 2010.

内，技艺与艺术的关系仍以科林伍德的观点为典型和主导：“古拉丁语中的 ars，类似希腊语中的‘技艺’，意指完全不同的某些其他东西，它指的是诸如某种木工、铁工、外科手术之类的技艺或专门形式的技能。”[1] 这种观点仍在学界居主流位置，成为美学理论话语的基本起点。技艺和“美的艺术”无关，“美的艺术”无非借用了“技艺”这个古代名称而已，等等，诸如此类的声音在当代艺术理论研究中经久不衰，依然深得人心。

现代艺术体系及“艺术”概念发端于“技艺”，与知识和理性具有高度的同一性起源，这与现代艺术体系建立以来的艺术观完全是逆向而行，二者属两套相悖的知识体系。因此，以纯粹审美的、自律的现代艺术观为主导的美学、艺术哲学自然会拒绝对艺术与技艺关系进行正面思考。普遍认同的是：现代人赋予艺术的主体性专业价值在古典的“艺术”概念及其用法中是不存在的；相反，古代人们习惯将古希腊的绘画、雕塑等艺术内容混同于农业、医药、木匠等专门知识，这类知识对于现代艺术理论而言是无效的。如莫西·巴拉施（Moshe Barasch）就认为这些古代的技艺问题“在我们讨论艺术问题时，几乎是完全不可用的”[2]。如若据此而抛弃艺术与

---

1. [英]罗宾·乔治·科林伍德：《艺术原理》，王至元、陈华中译，中国社会科学出版社1985年版，第20页。

2. Moshe Barasch, *Modern Theories of Art, 1: From Plato to Winckelmann*, Routledge, 2000, p. 2.

古代技艺概念间的关联，仅拘囿于传统美学理论或艺术史的视域而思考艺术本体，那对艺术科学的历史研究无疑是缘木求鱼，同时也是一种短视的因循守旧。

此外，就一些非常知名的美学或艺术理论写作而论，作者即便能观照到 τέχνη 概念中的艺术属性，其表述也未必令人满意。从美学史研究的角度就技艺概念进行比较全面解读的是塔塔尔凯维奇。他曾详细介绍了“艺术”这个概念的早期样貌，并从“技艺”谈起，一路行至近代以后的“美的艺术”概念和当代的一些争议性概

塔塔尔凯维奇

（https://alchetron.com/W%C5%82adys%C5%82aw-Tatarkiewicz#wadysaw-tatark-iewicz-a2123c73-956c-4e3e-934b-e00f87849e2-resize-750.jpeg）

念，整个写作一改往昔美学研究中过于抽象的晦涩艰深，其语言晓畅，线索条理、历史脉络清晰等都令人印象深刻。在其构思独特、极富艺术学术史特性的美学史写作中，塔氏从艺术活动的角度来阐释美学的历史，构建起独特的美学研究体系，为美学和艺术理论研究都奠定了深广的基础，其贡献尽人皆知且几乎没有争议。在其开创性的文献整理和概念史研究中，对技艺与艺术的关系也有正面的、肯定性的解读，但略为遗憾的是，塔氏对技艺概念的研究更多是基于文献的历史铺陈，对作为知识的技艺与艺术二者之间的复杂联系及其内在一致性还无暇做深入的辨析。如果我们回忆一下他在美学研究中对技艺（τέχνη）与艺术（arts）的关系的描述，就会发现其对于技艺的论述并不能令人十分满意。

仅举一例，在《西方六大美学观念史》中，塔塔尔凯维奇明确了从古希腊、罗马、中世纪乃至文艺复兴时期的艺术概念都是“制作某种对象所需之技巧”，这些制作内容包括：

一栋房屋、一座雕像、一条船只、一台床架、一只水壶、衣服；此外还包括指挥军队、丈量土地、风靡听众所需之技巧。也有建筑师、雕刻师、陶工、裁缝、战略家、几何学家、修辞学家等之艺术。举凡以某种规则之为知识为其基础的，都是艺术。[1]

如此这般铺陈式的罗列虽然提到了“规则之为知识”的技艺基础，但却很容易让几何学、政治学等原本在绘画、雕刻、建筑等技艺等级之上的内容，与制鞋、木匠的工作相混杂，而作者也无暇对古希腊技艺概念的丰富性和层次感进行深入解读。当然，技艺问题的解读并不是他的写作核心。

另外，关于艺术概念研究的最新成果应提到拉里·席纳（Larry Shiner）的《艺术的发明》(*The Invention of Art: A Cultural History*)。该书的核心问题是艺术与工艺之间的从合体到分离的进程，他认为，直到17世纪末之前都没有出现美的艺术与工艺的分离，而社会经济、制度和智力的转变是艺术概念变革的动力，17世纪后，观众开始将绘画、音乐等从其原始（通常是功能性的）背景中剥离出来，并将其提升到更高的层次，才带来了以欧洲文明为主体的现代艺术概念的发明。书中也提出，古代各种艺术的实践者，从医药、军事策略到陶器制造者都不是现代意义上的艺术家或工匠，而是“精通技巧的、纯熟老练的实践者”[2]。但是，席纳强调的是古希

1. [波]瓦迪斯瓦夫·塔塔尔凯维奇:《西方六大美学观念史》，刘文潭译，上海译文出版社2006年版，第13页。
2. Larry Shiner, *The Invention of Art: A Cultural History*, The University of Chicago Press, 2001, p.23.

腊时期人们对于艺术的认识并没有出现我们所理解的现代两极对立的美的艺术与工艺的对立，其目光并未落脚于技艺的知识性本质上，他认为此方向难以洞察到“技艺”的本质、内涵及类型差异，也不利于探究藏身其中的“艺术”的真实定义。这一点，他终究是站在现代艺术观的立场上了。

如何以 τέχνη 概念作为艺术学史的逻辑起点？现代以来盛行的自律而纯粹审美的艺术观消除了其他艺术形态存在的历史合法性和理论自洽性，也在很大程度上遮蔽了艺术演进为一门学科的历史轨迹。而古代的 τέχνη 不仅是现代艺术脱胎于其中的元概念，同时也暗含着众多学科起源的知识性特征；加之 τέχνη 一词的大部分现代含义已经由 arts 接管，τέχνη 作为艺术学科史的事实和逻辑起点是不容置疑的。这就要求我们必须卸下现代艺术观念之包袱，将技艺视作与知识、真理、德性、智慧、社会生活实践、自然科学乃至人文性艺术等密切关联的一个轴心概念；从技艺所指涉的复杂系统来认识“艺术”；在现代伦理学、科技史视角的研究之外，了解艺术学科演进发展的最初动力和基本原理，则“艺术”与“技艺”的交叠之处，历史意义与学科价值方得以显现。

早期历史中的艺术属于技艺的一类，考察艺术概念及其知识结构的发展形成历史只能从早期的“技艺”概念开始。要完成对技艺概念的历史考察，第一方面，应仔细剖析以柏拉图和亚里士多德为起点的希腊思想中的技艺概念及其在哲学与社会各领域的知识定位，通过对古希腊的知识体系进行剖析，梳理“技艺”自身在希腊文化中的多重含义；第二方面，要在对柏拉图技艺问题进行全面整理的基础上，考察绘画、雕塑、诗歌等现代艺术门类所涉及的古希腊技艺知识特性，进而思考历史早期的诸种门类艺术彼此间的内在统一性；第三方面，要循迹于古典时期作为技艺之内容的艺术理论之中，探寻艺术思想形成的原初样貌，并以此透视后世历史中艺术的概念与形态的演进过程，进而窥得其背后推动艺术观念更迭的多种动力，达到重新理解现代艺术体系的理论目标。

总之，只有从柏拉图入手，理清古代技艺概念自身所具有的理论与实践双重特性，方可理解此后历史中在二元观念的冲突与交锋中所形成的学科张力，也才可以从由艺术 ars 到美的艺术 fine arts 的概念演进过程中窥得历史背后的动力机制和发展逻辑，由此对一般意义上的艺术学科历史实现清晰而准确的认识。本书将从柏拉图的技艺理论开始，通过与具体政治理想、哲学思想和艺术品形态的关联和比较，剖析其“艺术”思想中的多重面相，以此寻找自柏拉图技艺概念始，贯穿至现代艺术体系生成之间的历史连续性“密码”。

# 第二章

# 柏拉图的技艺思想及其理论空间

鉴于笔者在《西方艺术学科史：从古希腊到18世纪》一书中已经对柏拉图的技艺概念进行了较为详尽的分析，此处不赘述具体分析过程，仅简略呈现柏拉图技艺概念的基本特征及其对未来艺术学发展带来的诸种话语空间和理论启示。

正如黑格尔所指出的，古希腊哲学在柏拉图与亚里士多德这个阶段才开始向科学发展，是柏拉图首先将哲学作为科学，并“把思想这种仅仅抽象的权利扩张到科学的领域里”[1]。柏拉图是古希腊艺术思想的第一位集大成者，但技艺概念并不是柏拉图的发明，而是古希腊的一个重要术语，不过目前所知的是，柏拉图亦是全面论述技艺的第一人。柏拉图对艺术的态度落脚于一种理性技艺的存在，而非“模仿艺术”或放任情感泛滥的艺术活动，“技艺”及其所辐射的理性问题是柏拉图艺术知识结构的内核。

1.［德］黑格尔:《哲学史讲演录》(第二卷)，贺麟、王太庆等译，商务印书馆1960年版，第160页。

## 一、作为知识生产的技艺

在柏拉图的思想体系中，“技艺”是用以阐明其哲学思想之关键的枢纽性概念之一，在其对话中涉及了政治、哲学、诗歌、医术、御车、耕作、木工、乐器演奏、造船、陶艺、打铁、纺织、厨师、驾船、渔猎、绘画、雕塑、建筑、算术、音乐、天文、文法、修辞、演讲，等等，几乎将一个完整社会运行所需要的所有知识一网打尽，收入囊中。柏拉图将技艺设为一种指涉能力的、专门性经验知识，而知识又起源于理性。事实上，在柏拉图的两次对话《泰阿泰德篇》和《智者篇》中，明确存在着一种完全不同于现代认识论范畴的知识论。对话中，柏拉图虽然定义知识未果，但他基本同意知识是一种能力，因为知识与技艺这一概念牵连在一起。[1] 世人皆知，柏拉图的灵魂理论强调心灵与身体的分离，感官、肉体的欲望和快乐都属于肉体，而心灵指向的是理性、精神。精神和形式有一个独立的存在，问题是形式的独立与现实世界的事物是何种关系？感官所产生的知识如何接受检验？是否存在着一种中间介质来完成这种联系？知识的这种模棱两可的半真实状态所涉及的关键概

1. Plato, *Plato's Theory of Knowledge:The Theaetetus and the Sophist*, Translated and Commentary by Francis Cornford, London Kegan Paul, Trench, Trubner & Co. Ltd., New York: Harcourt, Brace and Company, 1935.

念就是技艺。技艺正是理性知识与感官世界之间的联通之桥。

问题的关键是，这座“桥梁”本身是何种存在？其源出于何处？

首先，柏拉图相信技艺是一种神赐的知识。柏拉图借用希腊神话普罗米修斯取技艺的故事（《普罗泰戈拉篇》321A–322D）来暗示技艺理论的神性起源。他提出，人通过技艺与诸神有了“亲属关系”；技艺是人与神的沟通之通道。在雅典娜和赫菲斯托斯所拥有的、能让人维持生命所必需资源的这些技艺之上，还有一种技艺是由众神之王——宙斯所保管的较高水平的政治智慧，指向生活的正义、节制和虔诚等美德；每个人都要有美德，这是统治宇宙万物的至高无上的主神所要求的，亦是现实中国家存在的前提。[1]不论是何种技艺，“从神的世界得来技艺”这一观念中潜藏着一种重要的思维方式，那就是，将技艺区分于自然的同时又让它与自然共属一体——同属神之产物，技艺由神而出，技艺又具备了天然性。海德格尔就此认为，技艺“是以一种知识性的生产指导为方式对存在者

1. 矛盾的是，直到《普罗泰戈拉篇》的最后，普罗泰戈拉与苏格拉底两人均未明确美德到底是不是一种知识，我们也很难直接判断出柏拉图的意图。但是他们的对话显示了一个背景性的共识，只要是技艺，就是可教授的，单凭知识的其他技艺也必定是可以教授的。(《普罗泰戈拉篇》361 A–C）此处的技艺一词包含着一种神圣化的内容，这是无可辩驳的。参见柏拉图《柏拉图全集》(第一卷)，王晓朝译，人民出版社2002年版，第445—449页。

赫菲斯托斯雕像

God of fire, metalworking, stone masonry, forges, the art of sculpture, technology and black-smiths（https://en.wikipedia.org/wiki/Hephaestus）

之为存在者的开启，这种知识支撑和指导着人类存在者中间的一切‘显突（Aufbruch）’”[1]。同理，柏拉图以希腊神话为其思想的基本因子[2]，并笃信技艺是人类借诸神之能力超越自然界之束缚来满足自己的基本需求，是加工或变更自然的，这一种意涵更为宏阔的广义“技艺”概念，区别于单一审美的狭义“艺术”概念，其中渗透着自身趋向于纯粹理性知识的种种特征，故而柏拉图相信技艺的本原在于“神”，而技艺自身则系神赐天物。

其次，柏拉图将技艺界定为“专业知识”。技艺既然以知识为指导，那么它必然带有知识的某些特征。技艺是一种手段性知识，方可实现其目的。苏格拉底曾区分技艺中的目的与手段，并通过技艺理论进一步推进了知识的体系化。策勒就此评价道：“知识观念的形成是苏格拉底哲学的一个中心。”[3] 在此思想影响下，在《政治家篇》中论述到木匠的技艺时就出现了如下论调：

---

1. 孙周兴：《技艺与自然》，《中国现代外国哲学学会年会暨西方技术文化与后现代哲学学术研讨会论文集》，2004年，第5页。
2. 柏拉图对于希腊神话的迷恋和理论依赖当与他的出身传说和彼时的社会宗教信仰有关。据考，人们相信柏拉图的血缘可通过雅典的最后一个国王克鲁（Codrus）最终追溯到海神波塞冬（Poseidon）；而当时城邦中的宗教信仰除各种自然神灵、神秘宗派外，传统的仍是奥林匹斯诸神。参见[美]约翰·E. 彼得曼《最伟大的思想家：柏拉图》，胡自信译，中华书局2014年版，第27、55页。
3. 转引自范明生《古希腊罗马美学》，北京师范大学出版社2013年版，第173页。

这些技艺在从事实际活动时含有知识，并且与技艺不可分。它们的产品在技艺开始运作前并不存在，而技艺的运作则是使这些产品从未经加工的状态中产生的一个必要组成部分。[1]（《政治家篇》258E）

显然，这里的技艺是一种与从事实际活动相关的专业知识，但作为一种与知识相关的专业能力，技艺并不直接等同于知识，这就需要一种神赐的普遍知识与人生产所需的专业知识之间的统一。在《理想国》(又译《国家篇》)[2]中论述建筑学这门具体建造房屋的理论时，柏拉图强调的是：

被称作建筑学的这门造房子的科学与其他科学不同。[3]（《国家篇》438D）

很显然，此刻的对话中，柏拉图所意识到的是，普遍统一的理念世界与各类经验的实操性知识之间存在着一种特殊的知识，柏拉

1. 柏拉图:《柏拉图全集》(第三卷)，王晓朝译，人民出版社2003年版，第87页。
2. 柏拉图对话录中的“Republic”一篇在国内多译为《理想国》，王晓朝在《柏拉图全集》中将该篇译为《国家篇》。为尊重不同译本，本书凡参考王晓朝译本时均采《国家篇》，其余部分则遵照学界惯例取《理想国》。以下同此。
3. 柏拉图:《柏拉图全集》(第二卷)，王晓朝译，人民出版社2003年版，第416页。

《理想国》残卷

(https://en.wikipedia.org/wiki/Republic_ (Plato) #/media/File:P._Oxy._LII_3679.jpg)

图就此称其为“科学”:

> 科学之所以成为科学并非因为它与使之成为科学的一般事物有关，而是因为它与某些特定的事情有关。[1]（《国家篇》438D–E）

1. 柏拉图:《柏拉图全集》(第二卷)，王晓朝译，人民出版社2003年版，第416—417页。

在此，“科学”指向某种具体专门的科学，也就是与他的技艺概念相重叠。“技艺关于其对象的定义性知识解释了技艺关于其对象的绝对可靠性。”[1]技艺所需满足的条件：主旨、知识或智慧的合理性或规则性，可传授性与可习得性，明确性，无错误性，唯一性，独特性。[2]技艺成为达到一般本质性知识的重要通道。在《伊安篇》中，诗人与哲学家讨论了林林总总的技艺，算术、占卜术、绘画、诗歌、雕刻、御车、医术、渔猎、弹琴等，不遗巨细。而其中反复强调的是不同的技艺拥有不同的知识范围，进而走到了区分知识这一层面。《伊安篇》的相关对话如下：

> 苏格拉底：诵诗的技艺和御车的技艺本来不同，是不是？
>
> 伊安：是。
>
> 苏格拉底：如果这两种技艺不同，它们的知识题材也就不同。
>
> 伊安：不错。[3]

对话中，苏格拉底将技艺问题与知识关联在一起，强调不同的

1. 休 · H. 本逊：《苏格拉底式的技艺概要》，转引自［英］泰勒主编《从开端到柏拉图》，韩东晖等译，中国人民大学出版社2003年版，第382—387页。
2. 参见休 · H. 本逊《苏格拉底式的技艺概要》，转引自［英］泰勒主编《从开端到柏拉图》，韩东晖等译，中国人民大学出版社2003年版，第382页。
3. 柏拉图：《文艺对话集》，朱光潜译，人民文学出版社1963年版，第14页。

御者，由杰拉的暴君波利扎罗斯供奉于阿波罗圣所，希腊德尔斐，约前470年，青铜，高约180cm，考古博物馆，德尔斐（［美］弗雷德·S. 克雷纳、克里斯汀·J. 马米亚编著：《加德纳艺术通史》，李建群等译，湖南美术出版社 2013 年版，第 130 页）

技艺关涉着不同的知识：

> 区分技艺的标准在于，一门技艺是关于某一类事情的知识，另一门技艺是关于另一类事情的知识。[1]（《伊安篇》537D）

陈中梅认为：《伊安篇》中的epistēmē这个“系统知识”或“科学知识”与technē的“技艺”并没有明显的对立。[2]至少，技艺作为普遍性和一般规则的一种反映，具有向系统知识epistēmē趋同的“自觉性”。[3]可以说，技艺与知识体系虽不完全重叠，却是相互支持的衔接关系：技艺一方面是一套法规和原理，需要理论的可塑性，需要以知识经验为基础，另一方面还需要具体的实践操作[4]，这是纯粹知识进入经验世界所不可或缺的环节。

最后，柏拉图让普遍性知识这一最高智慧来统摄各类专业知

1. 柏拉图：《柏拉图全集》（第一卷），王晓朝译，人民出版社2002年版，第309页。
2. 参见陈中梅《柏拉图诗学和艺术思想研究》，商务印书馆1999年版，第39页。
3. 参见陈中梅《柏拉图诗学和艺术思想研究》，商务印书馆1999年版，第25页。
4. 陈中梅：《柏拉图诗学和艺术思想研究》，商务印书馆1999年版，第221页。

识。在《申辩篇》中，柏拉图记述了苏格拉底[1]拜访三种类型的人群，分别是拥有知识名望的政治家、诗人和工匠。三类人都拥有一定专业技艺，其专业技艺是分别属于各自领域的一种特殊的知识，但无一能成为普遍性知识。他所认为的真正的智慧是具有神性的普遍性知识，是能够洞悉其他全部专业的知识，而不只是某种专业技艺，技艺并不是最高的知识或曰智慧。政治家、诗人、工匠等所拥有的知识是低于“神谕”的人的智慧，因此是一种或许低端的、局限性的知识。至于普遍性知识是什么，虽然这里并没有言明是否指向理念，但是柏拉图显然发现了一种更接近普遍性的抽象知识，因此他承认了普遍性知识与专业知识之间的内在互动。

> 在所有的技艺中，相同的技艺使我们知道相同的事情，另一种技艺则不能使我们知道相同的事情，如果的确有另一种技艺，那么它一定会使我们知道其他事情。[2]（《伊安篇》538A）

---

1. 关于柏拉图文本中苏格拉底的对话内容到底应该归于谁的思想，学界公认很难在其中做准确区分，休·H. 本逊在《苏格拉底与道德哲学的发端》（转引自泰勒主编《从开端到柏拉图》，韩东晖等译，中国人民大学出版社 2003 年版，第 371 页）中，采纳了格里高利·弗拉斯托斯（Gregory Vlastos）提出的一种比较恰当的观点，认为无论是早期还是中后期，柏拉图优先考虑的都是哲学，“无论在哪一篇对话中，柏拉图只会允许出场的苏格拉底言说他（柏拉图）认为真的东西”，因此，对于柏拉图思想研究而言，这些对话都是值得深入分析的。
2. 柏拉图:《柏拉图全集》（第一卷），王晓朝译，人民出版社 2002 年版，第 309 页。

几何、算术这些属“自由”艺术，它们是一种可以让我们知道相同事物的技艺，这类知识区隔于具体物的知识，以其普遍性特征侧重于思维方面的理论性知识。但这些知识并不高高在上，与现实无涉的完全抽象知识相反，几何、算术与计量、测度等实用目的相关联时就具有了具体的专门知识之义。也就是说，这类知识与现实相关联时就表现为一种技艺。

## 二、技艺与逻各斯

柏拉图确立并依据了多重原则来构建技艺体系，但仔细甄别，其背后均闪现着一个核心内容，即理念论所统领的逻各斯（logos）这一哲学范畴。[1] 理念一词本身必然地同“知道”（wissen）相关联。如前所述，海德格尔也曾将技艺（τέχνη）一词作为“知道”的一种方式来解读。[2] 这里，“理念”与“技艺”两个概念借由“知道”这一介质而关联。反过来看，现在需要解答的是，如何通过技艺实

1. 在柏拉图之前，智者学派的哲学中心是逻各斯，柏拉图本人并未太多使用这个概念，他的哲学中心概念是理念，但他的技艺理论与逻各斯是相通的。参见［美］爱德华·夏帕《普罗塔戈拉与逻各斯：希腊哲学与修辞研究》，卓新贤译，吉林出版集团有限责任公司2014年版，第51—53页。
2. 参见［德］马丁·海德格尔《林中路》（修订本），孙周兴译，上海译文出版社2008年版，第40页。

现“知道”呢？这就涉及与理念密切相关的逻各斯（logos）概念。逻各斯在希腊语中来自λέγειν（说、谈论），其意指一种关乎理性意义的思想中的联系，意味着一种逻辑研究的要求[1]，逻各斯对应的知识是经验性的技艺领域的基本原理。通过逻各斯，技艺受理性控制使得其自身在学理层面最终朝向了一种可以被精确阐述的原理性知识目的。

在《高尔吉亚篇》中，柏拉图多次谈及逻各斯的原理性知识与技艺之关系。如论及烹调时，苏格拉底说：

> 因为它（烹调）不能产生原则用以规范它所提供的事物，因此也不能解释它所能提供的本性和原因。我拒绝把技艺之名用于任何不合理的事物。[2]（《高尔吉亚篇》465A）

由于不能规范合理解释其本性和原因，烹调因此不能成为技艺，而只是一种程序和技巧。休·H. 本逊据此认为，柏拉图把知识或技艺理解为一种力量或能力，某人拥有知识、智慧或技艺，就

1. 参见［德］保罗·纳托尔普《柏拉图的理念学说：理念论导论》（上册），溥林译，商务印书馆2018年版，第15—16页。

2. 柏拉图:《柏拉图全集》（第一卷），王晓朝译，人民出版社2002年版，第341页。塔塔尔凯维奇将这句话理解为：柏拉图表示他不将非理性的作品称之为艺术。这是他所发表的与普通希腊人见解相一致的主张，说明柏拉图的理性艺术是有社会现实基础的。

会拥有一种力量或能力，这种力量是一种善，但这种善不只限定在道德意义上的价值判断，而且是一种智慧或知识所能确保的正确的判断，是一种终极的完善。因此，“苏格拉底倾向于认为智慧或技艺等同于定义性的知识”，原因在于他认为技艺“拥有其对象的逻

柏拉图与学生对话

（https://www.britannica.com/biography/Plato）

各斯 logos（原理）”。[1]

律则性的逻各斯尽管重要，但并不等同于真理，因此柏拉图对技艺概念的要求并不停留在逻各斯这一原则性知识层面，而是为它提供了一个更高级的引领者——理念。理念可知不可见，理念是万物的原因，是事物的模型，其构造具有永恒的性质。通过对技艺本体的分析，柏拉图把本质的实体性真理知识与技艺所应把握的确定性专业知识既区别开来又联系起来，通过技艺这一概念所建立起来的与知识通约的科学，被引向一种由形而上主导的定义性知识系统。

## 三、技艺的分类法

柏拉图不仅强调分类自身就是一种技艺，而且对分类问题亦有清晰的辨识。他认为：“识别的技艺，或者叫做区别的技艺。”[2]（《智者篇》226C）尤其难得的是，柏拉图就技艺理论还形成了诸种分类法。

第一种分类法，区分纯粹性技艺与应用性技艺。《政治家篇》

1. 休 · H. 本逊：《苏格拉底式的技艺概要》，转引自［英］泰勒主编《从开端到柏拉图》，韩东晖等译，中国人民大学出版社 2003 年版，第 382—387 页。
2. 柏拉图：《柏拉图全集》（第三卷），王晓朝译，人民出版社 2003 年版，第 16 页。

里，柏拉图区别了应用性技艺和所谓的“纯粹的”技艺，强调二者都集合在技艺这项大类之下。在这一层面，技艺与知识概念又有部分重叠。

第二种分类法，区别普遍学科与具体知识。在讨论一种技艺的子系统间的亲缘性关系时，围绕着织布这种技艺，小苏格拉底与客人讨论了织布这门技艺不同于具体的纺织亚麻、丝兰及所有天然植物纤维的纺织工作，也不同于制造毛毯及制鞋所用的制造毛毡和穿孔缝合的技艺。[1] 这样在柏拉图的思想中就出现了两种技艺概念：制造具体物的技艺和一般概念上的技艺。因此在技艺体系中形成了一般与特殊、抽象与具体的区分，实现了在一个学科之内的普遍性知识与专业知识的区分，通过技艺问题初步形成了一种类学科思维的分类体系，同时也隐含着普遍与特殊的辩证关系。

第三种分类法，强调技艺类别的层级关系。柏拉图细致阐述了技艺体系在普遍与具体统一的结构中不断向下精细纵深的分类特点。在《智者篇》中，柏拉图为了找到智者的“藏身之所”，描述了技艺的具体分层。[2]（《智者篇》219A–223B）同时，在“获取”技艺下的“交换”类别中，柏拉图区别了兜售身体的粮食和灵魂的粮

1. 参见柏拉图《柏拉图全集》（第三卷），王晓朝译，人民出版社2003年版，第120—124页。

2. 参见柏拉图《柏拉图全集》（第三卷），王晓朝译，人民出版社2003年版，第77页。

食：一类指广义的音乐、绘画、木偶戏及其他许多东西，是兜售给灵魂的商品，用于教育或娱乐，这类商品被称为“表演的艺术”；另一类则指知识生意，包括出售美德的知识和其他种类的知识，兜售这类商品的人被称为“艺术商人”，也就是他所要驳斥的智者。[1]这类“技艺”与思想和精神、灵魂的塑造相关联，柏拉图初步为诸门艺术设立了一个共有特征，即精神性。

第四种分类法，以言语及身体行动为标线的技艺分类，确立了修辞学这门技艺的基本特征。在《高尔吉亚篇》中，修辞学教师高尔吉亚与学生波卢斯及苏格拉底一起讨论了修辞这门技艺的范围，围绕言语区分了不同的技艺：

> 我想，在存在着的各种技艺中，有些技艺主要是由行动构成的，而几乎不需要言语；有些技艺实际上并不需要言语，而仅凭行动就可发挥其功能，例如绘画、雕刻，以及其他许多技艺……但也有些技艺确实需要完全通过言语来起作用，实际上不需要或几乎不需要行动。举例来说，算术、计算、几何、跳棋游戏以及

---

1. 最终经多途径的拆解与论证后，柏拉图将智者归结为：一是猎取年轻富豪子弟的受雇的猎人；二是出售作为灵魂营养的知识的商人；三是贩卖同样商品；四是出售自己制造的产品；五是具有论战的技艺；等等。他也承认，智者在一定意义上还是灵魂的净化者。（《智者篇》224A–C）参见柏拉图《柏拉图全集》（第三卷），王晓朝译，人民出版社2003年版，第13—28页。

其他技艺，其中有些技艺涉及的言语和行动一样多，有些技艺涉及的言语多于行动，它们的整个成就和影响一般说来可以归结为言语的作用。我相信，被你确定为与修辞学相关的主要是这类技艺。[1]（《高尔吉亚篇》450B–D）

最终在关于修辞的定义的对话中，波卢斯认为修辞、医术、算术、绘画、木匠、音乐等属于不同的行业，它们被反复拿来进行比较以论证修辞学的范围（言语）、定义（说服）等，在此基础上，技艺又被区分为“行动的”“言语的”及“行动和言语一样多的”，共三类。

第五种分类法，区分了自由技艺与机械艺术。柏拉图的知识体系偏重强调最高级的是与现实生产无涉的纯粹性知识的智慧，尤为突出哲学与政治两种实践性知识的地位。技艺中最高级的乃为“哲学技艺”和“政治技艺”；而木工、铜匠等人的知识皆算不上真正的智慧。只有那种“无与伦比的培养品性的技艺”[2]的知识才配称为智慧。此外，还有区别于具体的如政治的、医学的知识——数学和几何学。[3]在这三类知识之上，柏拉图还提出了一个纯粹的知识，

1. 柏拉图:《柏拉图全集》(第一卷)，王晓朝译，人民出版社2002年版，第323页。
2. 柏拉图:《柏拉图全集》(第二卷)，王晓朝译，人民出版社2003年版，第403页。
3. 参见柏拉图《柏拉图全集》(第一卷)，王晓朝译，人民出版社2002年版，第150—159页。

也就是他最为看重的智慧。智慧作为知识的知识或学问的学问，是无法教会人建造的，它是“关于我们知道或不知道的知识”，而不是关于“我们知道或不知道的事物的知识”，它是“纯粹的知识”。[1]（《卡尔米德篇》170A）

统一在技艺之名下，柏拉图以智慧为最纯粹的知识，以政治、哲学技艺等为高级知识，以数学为必需知识，以手工技艺为下层知识，以形而上的真理世界为终极目的，组建起一个由纯粹的知识、实践性知识、操作性知识组成的技艺知识结构系统。对艺术理论而言，这一分类清晰地划定了后世颇为牢固的自由技艺与机械艺术之边界，但也标定了二者的共同目标，即自觉趋近于一种形而上的纯粹抽象理论。

作为柏拉图哲学体系中的轴心命题，“技艺是一种知识”对后世艺术思想的演进发展产生了重大而深远的影响，并埋下多个伏笔。第一，确立了技艺的知识性面相，在技艺所指称的专业知识面前，政治家、哲学家、艺术工匠及制鞋匠各自拥有齐平的地位。第二，将技艺设定为一种中间性存在，但又为技艺自身指定一个灯塔式的终极目标，即由普遍性本质知识构筑的“神性”的真理世界。技艺是人类达至这一真理世界的必经通道，它联通了理论化和实践化的两种知识体系。这样的技艺概念就具有了连接理论与实践的中

1. 柏拉图:《柏拉图全集》(第一卷)，王晓朝译，人民出版社2002年版，第158页。

介性存在意义，这也是中世纪末期乃至文艺复兴早期，艺术自然穿行于自由艺术与机械艺术之间的概念原型和思想起端。而且，正是这种技艺所统摄的知识观在文艺复兴时期的艺术中被重新张扬，让理论拥有了从自由艺术下降到机械艺术的可能，也让手工操作拥有了从机械艺术上升为自由艺术的知识通道。第三，技艺要求确定性知识，它可以让人类认知和把握世间万事万物的规律，减少人类生存所需的不确定因素，确保人类平稳地步入未知领域。第四，技艺知识是体系化的，技艺理论一毂统辐，统摄了从实物生产到理性精神乃至最高理念的全部领域。这让柏拉图思想的范围和领地并不只局限于纯粹的理性之真知，也体现为日常之智识，而且这种日常之知所包含的对象既有工匠的知识，也有政治管理的知识，这为此后西方两千多年艺术理论发展历史确立了一个根本性的决定要素——智识。详见第八章。

## 四、重返柏拉图艺术理论的多种可能

在上述这样一种技艺思维特质下，柏拉图的艺术理论呈现为一种迥异于传统美学或艺术史论断的样貌，其不仅在“模仿”“创造”“灵感”及艺术创新等方面与既有定见大为迥异，而且在政治理想及其所关涉的戏剧、诗歌、音乐、绘画、雕塑等艺术创作中的传统与革新问题方面有颇多需要重新界说的理论空间，值得我们深入探寻其中的全新含义。

第一，柏拉图认为构成世界的那位“神”所拥有的技艺是人类得以生存的根本。在希腊神话中，普罗米修斯从神界为人类盗取的就是火和技艺，而人类对于技艺的掌握就是通过模仿实现的，模仿与技艺相互交错，构成完整的人类生产活动系统，但是“模仿”和“模仿艺术”是两个不同的概念。柏拉图所强调的是模仿中的技艺性知识，即通过技艺确定模仿作为人的生存手段之正当性。在柏拉图由理念主导的艺术观中，理念通过“技艺”这一关键词降落到艺术这个“凡俗”系统，而“技艺”和模仿结合起来形成上下两个通道，共同构成了了解柏拉图艺术观的基石。由是需要为柏拉图的模仿概念正名。

第二，面对“剧场政制”所导致的“礼崩乐坏”的艺术革新时代，柏拉图不仅改变了他对模仿的价值判断，更进一步重新厘定了标准和尺度的问题。在《政治家篇》中，柏拉图通过比较政治技艺与纺织技艺论述了“适度”问题，提出了两个相关联的命题：“第一，技艺存在；第二，过度与不足的可度量性不仅相对于不同事物而言，而且也意味着标准或适度的实现。如果第二种意义上的尺度存在，那么技艺也存在；反之，如果技艺存在，那么第二种意义上的尺度也存在。否定了其中的任何一个，也就否定了二者。”[1]一方

---

1. 柏拉图:《柏拉图全集》(第三卷)，王晓朝译，人民出版社2003年版，第130页。

面追求一种永恒真理的普遍性，另一方面包容新生专业知识的创造力，柏拉图在建基于城邦政制和道德理论的艺术论说中，容涵了理想和现实两种艺术的样态。

让我们再回到海德格尔艺术与真理的问题上来。海德格尔反对理论与实践之间不合理的区分，希望洞悉“在一切艺术之前已然起着支配作用，并且首先赋予艺术以其固有特性”[1]的希腊艺术的起源。海德格尔最终在作品中找到“真正起着支配作用的艺术的本质”，于他而言，这种本质就是“存在者的真理自行设入作品中”。[2]那么在海德格尔的理论中那个建立一个世界并由此制造了大地的作品将自身置回大地之中是如何实现的呢？他认为艺术所能完成的是既不能规划控制，也不能计算和制作的内容，这种内容可以解除人类命运的封闭性，原因正在于古希腊的技艺与自然、涌现的共属一体性。[3]可以说，海德格尔为古希腊的技艺赋予了另一幅不同于前的面相。可以断定，以柏拉图为代表的古希腊技艺概念是完善人类理智的外在实践，它以理念为终极目标，引导着人们不断走向各种专业的知识化和理论化，它是人类生存技能与理论知识的一个中心

1. [德]M. 海德格尔：《艺术的起源与思想的规定》，孙周兴译，《世界哲学》2006年第1期。
2. [德]马丁·海德格尔：《林中路》(修订本)，孙周兴译，上海译文出版社2008年版，第3、18页。
3. 参见[德]M. 海德格尔《艺术的起源与思想的规定》，孙周兴译，《世界哲学》2006年第1期。

及会合点。

这一思维以一种基因形式内化到西方整个古代知识传统中，也影响到从技艺中分化出的小艺术概念及现代艺术体系的生成。这样一种技艺思维辐射到了后世的“机械艺术”生成，决定了“艺术”概念的历史走向。从柏拉图的技艺出发，后世发展而出的美的艺术理论及现代艺术的本质从其伊始就携带着理论化诉求之因子，此乃艺术能够走向学科化的先决条件。

可以肯定的是，如果我们在当下的艺术理论研究中排除了技艺范畴的存在价值，那我们就无法理解后世艺术知识中理性与非理性的纠缠乃至互反的复杂关系，也就难以在西方艺术学科的生成历史中寻出隐遁其中的原动力，更不能期待洞悉其基础原理。事实上，今日我们所理解的美的艺术概念及其后世样态在本质上与柏拉图所认知的大技艺概念保持着一致，即注重通过理论化的方式来确立各类技艺的知识和目的。可以说，柏拉图借技艺之论在历史早期为艺术开辟了一条古老而严正的学术发展道路。

第三章

# 柏拉图论模仿与模仿艺术

传统理论多数认为柏拉图对艺术的否定源于其对理性的过度崇信和对模仿的极度不信任，如克罗齐就判定柏拉图“严厉否定艺术”，称他“是第一个，也是唯一的一个对艺术做过伟大否定的人”。[1] 习见以为，一切皆源于柏拉图眼中的模仿和诗不属于心灵中崇高和理性的部分，只属于感官感受部分，达不到逻辑的事实，故而柏拉图对艺术持否定态度。此外，人们通常相信，在柏拉图的理性主义理念论与模仿论的艺术观之间，存在着难以自圆其说的矛盾，乃至他的美学理论与他本人作为“希腊空前的最伟大的散文大师”背道而驰。[2] 柏拉图对于艺术的思考是通常所理解的那种否定性的、单调的、片面的，还是追求严密逻辑的艺术理论表述？柏拉图思想中的艺术模仿到底是何种性质？相应地，艺术在他的思想体系中到底居何地位？种种问题皆指向了模仿这一概念。

1. [意]贝尼季托·克罗齐：《作为表现的科学和一般语言学的美学的历史》，王天清译，中国社会科学出版社1984年版，第4页。
2. 参见范明生《古希腊罗马美学》，北京师范大学出版社2013年版，第5页。

艺术模仿论[1]（μιμησις）是柏拉图最重要的艺术理论之一，他对艺术本体最为系统的论述也集中在模仿概念中。在《理想国》第十卷中，柏拉图用较长的篇幅讨论了作为“模仿之模仿”的艺术，这也是被后世广为熟知的、对西方艺术理论影响最为深远的艺术理论之一。正是由于这一理论，世人往往判定柏拉图的思想重视理性、轻视艺术，贬斥绘画及诗歌等。典型者如克罗齐。在《作为表现的科学和一般语言学的美学的历史》中，克罗齐对柏拉图的三层模仿论艺术观作了如下判断：在柏拉图眼里，由于模仿是欺骗，所以没有执行理式即万物的真实，而绘画是对现实物这一被造物的模仿和再现，是一种减弱的减弱，根本无法达到概念或逻辑的真实，因此艺术不属于心灵中崇高和理性的部分，“而是属于感官感受部分，

---

1. 通常美学史写作中 μιμησις 被译为“摹仿”。朱光潜翻译的柏拉图的《文艺对话集》就将其译为“摹仿”。国内学者高建平在翻译门罗 · 比厄斯利的《美学史：从古希腊到当代》时曾区分了 *imitation* 和 *mimesis* 两个词，他指出前者来源于拉丁文，而后者源于希腊语，并将前者译为“模仿”，后者译为“摹仿”（参见［美］门罗 · C. 比厄斯利《美学史：从古希腊到当代》，高建平译，高等教育出版社2018年版，译者序，第5页）。而台湾学者刘文潭在翻译瓦迪斯瓦夫 · 塔塔尔凯维奇的《西方六大美学观念史》时，将希腊语的 μιμησις 和拉丁文的 *imitātiō* 统一译为将“模仿”（参见［波］瓦迪斯瓦夫 · 塔塔尔凯维奇《西方六大美学观念史》，刘文潭译，上海译文出版社2006年版）。笔者写作时考虑到：第一，本节所参考的主要文献是王晓朝译本《柏拉图全集》，其中 μιμησις 被译为“模仿”；第二，模仿在心理学行为理论中包含主动性的一面，更符合希腊语义中作为生产行为的模仿含义。故此，本书除引文外，全部采“模仿”译法。

不能强化而只能败坏人的头脑；因为它只服务于使人们骚动和混乱的感官快感”[1]，他认为这一切都是由于柏拉图必然会听命于理性，而取缔和驱逐艺术。艺术模仿论证实了柏拉图对艺术的反对，但“模仿”自身是否就此成为一个被柏拉图否定的行为，后世常常缺失更进一步的细部分析。

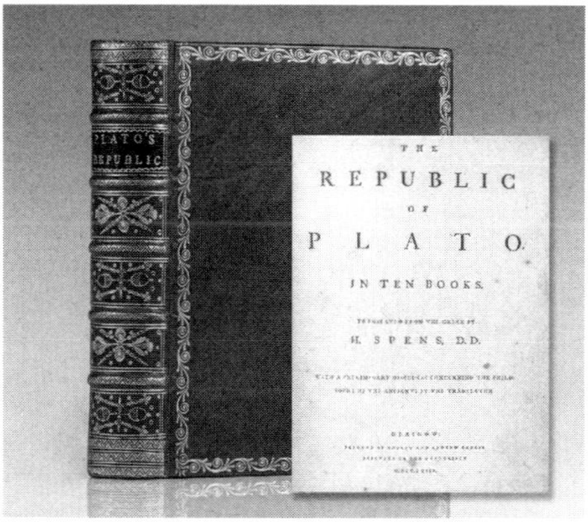


《理想国》英译本书影

（https://www.raptisrarebooks.com/product/the-republic-of-plato-in-ten-books-translated-from-plato-first-edition-1763-rare/）

## 一、“模仿”概念

柏拉图虽然对诸艺术，特别是视觉艺术从未进行过深入考察，但没有哪位哲学家能像他一样对后世的艺术理论产生如此深远的影响，其要旨就在于模仿概念。柏拉图认为构成世界的那位“神”所

1. [意]贝尼季托·克罗齐:《作为表现的科学和一般语言学的美学的历史》，王天清译，中国社会科学出版社1984年版，第4—5页。

拥有的技艺是人类得以生存的根本。普罗米修斯从神界为人类盗取的就是火和技艺，而人类对于技艺的掌握就是通过模仿实现的，同时人类的很多自然行为都是模仿，“妇女的怀孕和生育只不过是对大地的模仿”[1]，模仿与技艺相互交错，构成完整的人类生产活动系统[2]，因此要注意的是，“模仿”和“模仿艺术”是两个不同的概念。在柏拉图的文本中，至少有下面几处需呈列出来，进行仔细辨析。

第一，在中期写作的《理想国》中，柏拉图认为模仿作为人的一种低劣生存方式，是不值得赞赏的。从有用性的角度出发，柏拉图认为“一切器具、生灵和行为的善、美、正确都只与他们的用途有关”[3]，（《国家篇》601D）所有这些都是因为有用才被制造出来或在自然中产生，所以，与每一事物相关的技艺都分为三种：使用者的技艺、制造者的技艺和模仿者的技术。事物的使用者凭经验最了解事物，制造者按照他的吩咐去制造，只有前者拥有真正的知识；第三种人——模仿者既不拥有真知，也不可能有正确的意见，“模

1. 柏拉图:《柏拉图全集》(第一卷)，王晓朝译，人民出版社2002年版，第262页。
2. 陈中梅将柏拉图的技艺归纳为三类：一是模仿类；二是工艺或建造类；三是治养类。我们今天所说的艺术都属于模仿类，但又兼具有“工艺”制作与建造等性质，如音乐、绘画和雕塑等技艺。同时，政治和哲学从事的也是模仿，其模仿对象是神性的真理。继续深入可知，像木匠一样，艺术家也需采用某些既定的技巧，才能生产或制作“产品”或“成品”。参见陈中梅《柏拉图诗学和艺术思想研究》，商务印书馆1999年版，第269—270页。
3. 柏拉图:《柏拉图全集》(第二卷)，王晓朝译，人民出版社2003年版，第622—623页。

仿只是一种游戏的形式”[1]，模仿位于与真理隔着两个层次的第三级；它没有可靠的知识。测量、计数和称重等能以其确定的数量、数字和重量来肯定灵魂理性部分的功能，信赖度量与计算的那部分灵魂是最优秀的，与之相反的那部分灵魂是最低劣的。模仿者既不拥有真知，也不能对自己所模仿的对象拥有真知的价值，模仿术乃是卑贱的父母生出来的卑贱的孩子。[2]轻信模仿的人们“不能证明和区别知识、无知和模仿”。(《国家篇》598D)

《理想国》对话中，柏拉图是从知识的可靠度来考量模仿的。模仿者对于所模仿题材的美丑，既没有知识，也没有正确见解，正如描画战争的画家并不需要专门的军事知识，因此，“模仿者对于摹仿题材没有什么有价值的知识；模仿只是一种玩意儿，并不是什么正经事”；诗歌及一般模仿术，如绘画等，都被称为不可靠的，这类艺术只能根据“普通无知群众所认为的美来摹仿”。[3]绘画创造的东西远离真实，只满足无知的美的要求。与原物相比，模仿所产生的知识既缺乏有用性，又缺乏可靠性，只能提供无知虚假和非理性，因此居于知识体系的底层，诗歌、绘画等门类的艺术被统一在“模仿”这一范畴中，成为第三等级的真实，并处在被柏拉图贬斥

1. 柏拉图:《柏拉图全集》(第二卷)，王晓朝译，人民出版社2003年版，第623页。

2. 参见柏拉图《柏拉图全集》(第二卷)，王晓朝译，人民出版社2003年版，第624页。

3. 吴国盛:《什么是科学》，广东人民出版社2016年版，第79页。

的位置上。这一点完全贴合他提出的艺术模仿命题，但并非其模仿理论的全部。

第二，模仿作为一种必要的生产。在后期完成的《智者篇》中，柏拉图将模仿分为两种：第一种是制造相同的东西——制造一个与原物长、宽、高完全相同的东西，并且给它的美感部分着上恰当的颜色；第二种是制造巨大尺寸的雕塑家或画家按照精美原物的真实尺寸进行再造时，会显得上部太小，而下部太大，为使“造出来的像显得美丽”[1]，(《智者篇》235E–236A）这些“匠人们”[2]抛弃了真相。

在两类模仿中，前者可造出与精美的原物一模一样的事物，因此模仿指向的是一种对于真实、完美原物的趋同；后者模仿所造出的物与精美的原物只是看起来显得相像，而实际上并不相同，这就是相似，这样的模仿主要出现在绘画和其他模仿的艺术中，智者们就是同绘画等艺术一样只是“用一种形式的技艺创造一切事物的人，就好像用画笔画出与真实事物具有相同名字的事物”，模仿者利用一种技艺欺骗儿童，使儿童认为他能够创造任何完全真实的事物。(《智者篇》234B）在此，柏拉图将模仿归类为表演和欺骗。

1. 柏拉图:《柏拉图全集》(第三卷)，王晓朝译，人民出版社2003年版，第29页。
2. 在英文版的《柏拉图全集》中，这里的“匠人们”写作 craftsmen，而非 artists（John M. Cooper ed., *Plato Complete Works,* Hackett Publishing Company, Inc., 1997, p. 256）。

可以看出，柏拉图眼中的模仿作为一种生产，最主要的功用是制造形象。这其中有遵照实存而生产和遵照外显的相似造出虚假的形象两种模仿，二者差异在于：前者受知识的纯粹理性所引导，直接指向真实的现实；后者却背离真实，只追求外在的相似，而成为欺骗，因此要受谴责。前者虽然也会关涉形象生产，但并没有明确指向具体的艺术活动，这种模仿更多意义上是一种积极的生产。

模仿作为一个行为并不被柏拉图反对，但模仿艺术由于未能真正遵循真理与理性的教引而受到柏拉图的挞伐。诗人模仿的第一大罪状在于：理智的、有节制的精神总是保持原样，不容易被模仿，诗人模仿暴躁多变的性格，激发了灵魂中的低劣成分，甚至导致理性部分的毁灭，诗人所模仿的不是理性的而是无理性的、懦弱的。诗歌模仿的非理性具有强大的腐蚀性，情感、快乐和痛苦等情绪不利于人的理性和城邦管理，诗歌终归不是能够把握真理的严肃的事情。(《国家篇》608B）诗歌和荣誉、财富、权力一样会诱惑我们对正义和美德漫不经心，这是柏拉图所极力反对的。其第二大罪状在于：诗歌等活动是模仿感官层面的“美”的艺术，却背离真实的存在，因此并非真正的美；同理，画家所绘制的并非真正的存在，只是对具体实在所显示出来的影像进行相似的模仿。

第三，作为以“神性”为导引的不同生产方式之一，“模仿”在《智者篇》中被柏拉图精心区隔为若干不同的生产方式。第一种是横向分法，分为神的生产和人的生产[1]；（《智者篇》265B）第二种是纵向分法，分为原物生产与影像生产。在横向分类中，模仿是人之制造在模仿神性原物；在纵向分类中，模仿是影像对原物的模仿。其中的组合会出现神造原物、人造原物、神造影像、人造影像四类生产。技艺与模仿归属不同的问题层，技艺的根本是神工制造，模仿的根本是人的制造，但模仿不只是简单地被动仿制，其背后的动力是对真理的一种趋同方式。[2]

神工制造中不包括模仿，但需要技艺。在《蒂迈欧篇》中，柏拉图在关于宇宙和宇宙产生的理论中，采用了"上帝与世界的关系就是工匠与制成品的关系"[3]这样一种类比。创造者以理念为模式，借技艺创造世界万物。自然界也是技艺的产物，是"神的技艺的生产"[4]，（《智者篇》265E）人类自己和其他有生命的东西，以及自然元素水、火等都是由"神工"生产出的原物，这种自然界的生产是带有理性和先验性知识的。神工生产的原物伴有非真实事物的影像，这些影像也是出于神工的，是拥有它们的存在的。[5]（《智者

1. 参见柏拉图《柏拉图全集》（第三卷），王晓朝译，人民出版社2003年版，第77页。
2. 参见陈中梅《柏拉图诗学和艺术思想研究》，商务印书馆1999年版，第269—270页。
3. [英]罗宾·乔治·科林伍德:《艺术原理》，王至元、陈华中译，中国社会科学出版社1985年版，第17页。
4. 柏拉图:《柏拉图全集》（第三卷），王晓朝译，人民出版社2003年版，第78页。
5. 参见柏拉图《柏拉图全集》（第三卷），王晓朝译，人民出版社2003年版，第78—79页。

篇》266B–C）也就是说，神工也生产影像，影像并不只是人低劣的生产，“所有那些在白天由于光线被阻挡而自然产生的黑影，及所谓与原物相似的‘影子’；眼睛的光与物体的光在平滑的物体表面相汇合而产生的感觉形式，即所谓‘映象’，这种映象与通常直接注视得到的映象是相反的”[1]。（《智者篇》266C）“模仿”所要仿照的那个原型在柏拉图眼中也是被制造出来的，只是它的制造者是“神”这个万能的工匠，故而它才是唯一的永恒物。这种神的生产中有原物和与原物相伴的影像之区分：水、火等类似的东西都是原物；而睡梦中出现的形象，与原物相似的影子等与原物相伴的形象，这些影像也由于神工而拥有他们的存在。[2]（《智者篇》266B）神工所制作的影像并不是模仿，只是与原物相伴的形象。

人的制作是模仿，只不过这种模仿要依赖特定技艺才能完成生产，因此“模仿确实是一种生产，只不过它生产的是影像，如我们所说，而非各种原物”。（《智者篇》265B）相对应的是，从神性原物下降一格来看，人的生产中的原物与影像的区分就在于建筑所生产的房子和绘画中产生的房子：一为现实中存在的事物；一为形象（为清醒的眼睛人为地制造一个梦境）。在两两成对的生产中，模仿是人类制造不可或缺的一个途径，绘画中的形象就是以人的实物制

---

1. 柏拉图:《柏拉图全集》(第三卷)，王晓朝译，人民出版社2003年版，第79页。
2. 参见柏拉图《柏拉图全集》(第三卷)，王晓朝译，人民出版社2003年版，第79页。

造为前提而存在的一种虚假，但这种虚假并不是毫无地位，它在存在的事物中拥有特定的位置。

在《智者篇》《蒂迈欧篇》等后期的论述中，柏拉图在形而上学体系中为作为模仿的艺术留下了一席之地。因为他已经看到，尽管艺术模仿的对象只是人的经验世界中的物之存在，但就模仿这一动作而言有多重意涵：名称是对事物的模仿，图画也是对事物的模仿，各自模仿方式、属性和用法不同。加之，不仅绘画等艺术并不能代表最真实的现实——形式（forms），就连在“表面化”的经验世界中的物也皆是对形式这种理想的、抽象实体的苍白含混的“拷贝”。如果模仿只是对真实原物的拙劣化再现，就会解构现实的所有真实性和存在的必要性。概言之，柏拉图后期对话中在模仿中纳入技艺性知识，通过技艺确定了模仿作为人的生存手段之正当性。后世据此为柏拉图的模仿概念正名。

## 二、模仿艺术

通过对模仿与技艺关系的解读，结合前文中柏拉图对绘制形象这一行为的判定，我们可以得出以下结论。

首先，模仿艺术在《理想国》的论述中被柏拉图否定，但要区别的是，尤其在后期的论述中，模仿自身作为人类的存在状态得到了柏拉图的认可。在德国古典学者维拉莫威兹（U. Wilamowitz-

Moellendorf）眼中，“模仿”是柏拉图提出的一个横空出世的、有决定性影响的词语[1]；门罗·比厄斯利也认为柏拉图的思想中最重要的范畴正是“模仿”，因为“在一个极为广泛的意义上，所有的生产都是‘模仿’”[2]。柏拉图思想中对模仿这一概念的判断存在着前后态度的转变，很可能对应于他对“模仿”概念从陌生到熟悉的一个认识过程。在贡布里希看来，在柏拉图时期，“模仿”可能还是一种“新发明”。[3]因此，在后期的《智者篇》中，柏拉图应该是在哲学反思之后才逐渐勾勒出一个明晰的模仿概念：它自身是一种人的生存状态，同时，模仿也体现为一种技艺。

既然模仿是一种人类生存状态，我们就需在柏拉图的模仿理论中区分作为一种专业生产的艺术行为与作为一种模仿不当内容的艺术行为。柏拉图反对绘画等艺术所描绘的形象之虚幻性，更多从知识的真实性和社会的政治及伦理教化的功能性角度出发，他要否定的是绘画在模仿中所表达内容的虚幻性，而不是绘画本身作为一种专业知识的技艺性存在。绘画等绘制图形的技艺是一种认识世界的基本方式，其技艺的获得通道是模仿；这类艺术自身因此具有本

---

1. U.Wilamowitz-Moellendorf, *Platon*, Berlin, 1920, p.479.

2. [美]门罗·C.比厄斯利：《美学史：从古希腊到当代》，高建平译，高等教育出版社2018年版，第43页。

3. 参见[英]E.H.贡布里希《艺术与错觉 图画再现的心理学研究》，林夕、李本正、范景中译，浙江摄影出版社1987年版，第138页。

体论与认识论的双重价值和意义。我们要在“模仿”理论中区分作为单纯技艺的绘画等专业性知识和要发挥社会功能的绘画等艺术行为。

其次，模仿与“技艺”在生产层面具有内在的同一性，如果不考虑这一点，只强调柏拉图对现实中的绘画、雕塑及建筑等艺术在模仿论中的等级关系，则关于古代的艺术问题就会被阻滞在知识乃至真理体系之外，也就将柏拉图的艺术理论贬低到道德、精神的低端部分，从而被降格到一种无关真理的、流于虚假的模仿含义中。事实上，如果只是简单否定模仿艺术，模仿就不会成为艺术的重要原则而对历史产生深远影响。[1] 王柯平认为，现在对于柏拉图的模仿误读太过普遍，且现代英语中的 imitation（模仿）与 representation（再现）等词很难涵盖古希腊 μιμησις 的真正意蕴，它们“充其量也只不过是一种局限性的和误导性的诠释而已”[2]。确实如此，当明确了模仿在艺术中的正当价值后，我们就可以充分理解希腊艺术在温克尔曼笔下被赞誉为“高贵的单纯、静穆的伟大”这句话的深刻含义——这与柏拉图“模仿论”的艺术的根本指向相一致，那就是追求一个最高的理想——神性美、理想美、真实。对理性知识的模仿

---

1. “模仿”这一概念在艺术理论中影响深远，直至18世纪法国人夏尔·巴托提出“美的艺术”的现代艺术体系时，仍然使用了“模仿”作为第一原则。参见张颖《夏尔·巴托的艺术摹仿论及其内在矛盾》,《复旦学报》(社会科学版) 2018年第1期。

2. 王柯平:《〈理想国〉的诗学研究》(修订版)，北京大学出版社2014年版，第7页。

作为艺术的存在方式并不只有身份地位的含义，还有其最高理想和最高标准的存在意义。

再次，由于有技艺的指引，绘画等艺术才能通过模仿指向原物，艺术活动所模仿的终极对象是神性的真理，它是一切事物中最真实的存在，也是柏拉图哲学或本体论的终端。艺术通过“模仿”实现向真理的趋同，且在创作过程中应当受理性引导，由此柏拉图将模仿艺术这一命题纳入他的本体论哲学体系之内。

在柏拉图理念论的艺术观中，理念通过“技艺”这一关键词降格到艺术这个“凡俗”系统，而“技艺”和模仿结合起来形成上下两个通道，共同构成理解柏拉图艺术观的基石。从上往下“俯察”，作为专业知识，技艺可以从最高智慧的哲学王下行到手工劳作的工匠；从下往上“仰观”，艺术借由技艺这一动作，从具体的手工生产通过模仿上行到最真实的“原物”。与技艺联系在一起，模仿就不再是简单描摹或再现，而是作为一种手段，通过“技艺”在知识世界里联通了从精神的完善到专业知识、从政治道德到物的制造、从真实理念到虚幻形象等多个二元对子。兼有模仿和技艺特性的艺术成为一种纯粹理念和物品制作的统合体，从而拥有了跨领域的中介性质。这一点在希腊神像雕塑中表现得最为显豁。

当时很多城市争相占有优美艺术，以精深技艺所制造出的雕塑作品是献给神祇的最好礼物之一。整个民族不惜为神像和优胜者的雕塑负担费用，城邦会因为拥有一件出色的雕塑而获得赞誉。温克尔曼和海德格尔曾分别从艺术史和艺术哲学的角度考察古希腊时期的神像雕塑，论证其独特之处。温克尔曼发现在希腊人眼里雕塑是高于绘画的，它像“长姐为幼妹那样指引道路”，雕塑艺术是专门“献给神祇或是用于祖国最神圣和最有益的目标”，在普尼林和普萨尼的著作中所提到的绘画却没有这样的荣誉，尽管绘画也被陈列在神庙中，但没有作为圣物被崇拜和敬仰，只有“（雕塑）艺术家所做的，在整体上和全民族崇高的思想方式相吻合”[1]。温克尔曼从古代神庙这个神圣领域及其所作用的范围中见出雕塑艺术的历史性民族性的世界。同样，在海德格尔看来，这种奉献给竞赛胜利者的雕像不只是制作神的形象的肖像，还是一种使“神本身现身在场，因而就是神本身”[2]的作品。雕塑之所以拥有这样崇高的地位和精纯的技艺，并不在于其艺术形象的本体，而是因为它通过模仿和技艺等手段，以物的形式负载彼时社会民族的精神性内容，实现了物性与神性的完美结合。

雕塑在希腊人的诸艺术门类中享有至高的荣耀，缘于雕塑的“神性”存在，这一点提示我们，在希腊艺术中，不同的艺术门类有不同的功能，除将雕塑、绘画等视觉艺术作为一种形象的模仿来

---

1.［德］温克尔曼：《论古代艺术》，邵大箴译，中国人民大学出版社1989年版，第141—145页。

2.［德］马丁·海德格尔：《林中路》（修订本），孙周兴译，上海译文出版社2008年版，第25页。

认识之外，艺术中还有一种神性崇拜的目的和功能。艺术的模仿特性与艺术的神性隐喻通过技艺和模仿两个通道而连接。这与柏拉图的模仿和技艺两条理论路径是契合的。

最后，从模仿理论出发，柏拉图有关艺术分类的提议获得了极大成功。不同艺术与真实事物有着不同的关系的这种经验：它们要不就是利用它们，例如狩猎；要不就是模仿它们，例如绘画；要不就是生产事物，例如建筑。柏拉图就此区分了在古代时期产生了重大影响的艺术的三种类型：第一，利用真实的艺术；第二，生产新真实的艺术；第三，模仿真实的艺术。但是，柏拉图和他的继承者忽视了利用事物的艺术；他们主要关注其他两个重要类型——作为生产的艺术和作为模仿的艺术，也就是生产创造性艺术和模仿艺术。另外一个柏拉图派的分类将艺术区分为如建筑一样生产真实事物的艺术和如绘画一般仅生产想象的艺术两类。但是，对于柏拉图而言，这种分类与之前实际上并没有太大的出入。如果艺术模仿事物，它们生产的无非就是对它们的想象；进一步说，模仿的艺术与生产想象的艺术是一回事。

## 三、艺术家：模仿者还是创造者？

在《伊安篇》中，柏拉图列举了画家、雕刻家、笛师、琴师、竖琴歌者的技艺，以它们来横向地对照诗人所具有的灵感。[1]但可以肯定的是，古希腊的“艺术家”并不专指画家、雕塑家、音乐演奏（唱）家或诗人等现代意义上的艺术家，而是指掌握高超技艺的人，是具有神性意味的一个概念。在柏拉图看来，宇宙是一个由神圣“艺术家”创作的艺术品。就现实世界而言，同作为模仿者，希腊人对掌握着不同的专业技能的不同职业者都很重视，因此“艺术家”也常用来指称例如医生和造船匠等拥有精妙专业技艺的人群。如希波克拉底提到“人们将艺术（技艺）用于最重要的场合，给从事艺术的开业名医和名匠以崇高的荣誉”[2]。可以看出，这里的“艺术”是个主体词，而不是某一职业的表征体。因此，在面对“艺术家”这一表述时，我们需要在古希腊人称精通某一技艺的“艺术家”与今日从事绘画、音乐等职业性质的“艺术家”两种概念之间进行区分。

必须承认，柏拉图的对话中关于艺术家有多处相矛盾的表达。我们首先要考察“技艺”在柏拉图笔下的三重意义：针对掌握一定规则的动作而言，技艺指向技术；针对生产出一个原本不存在的物品的动作而言，技艺指向造物；针对实体、现实物品的存在形式而

1. 参见柏拉图《文艺对话集》，朱光潜译，人民文学出版社1963年版，第5—6页。

2. 希波克拉底：《希波克拉底文集》，赵洪钧、武鹏译，安徽科学技术出版社1990年版，第2页。

言，技艺指向模仿。因此就存在着拥有规则、制造物品、模仿现实物品的三种技艺含义。在这多重含义中，柏拉图所称的“艺术家”绝不是第三种绘画、雕刻等模仿性的，而是前两种技艺的拥有者。塔塔尔凯维奇（又译塔塔科维兹）认为柏拉图的理论中的美不属于人的创造，它是现实的属性，而艺术是人的活动，却没有自由、个性、独创性和创造力的地位。因此，艺术与现实的完美程度相比，是微不足道的。[1]这样的艺术和美处在两种不同的概念系统下，只能靠“艺术家”这种带有创造力含义的概念来联系艺术与美。

不过，如果按照现行惯例，只做一种简单处理，则柏拉图笔下的“艺术家”显示为两种含义：一是作为一个职业性描述用语，柏拉图将艺术家视为掌握了一门专业技艺的人；二是作为一种赞誉性称谓，他将真正的艺术家形容为一个拥有创造力的、奉爱神的人。但实际上，“艺术家”一词真正的含义即拥有高超技艺的、指向创造性的能力。古希腊语中，δημιουργέω 一词的含义有当手艺人，做手工；δημιουργα 则是手艺，手工；δημιουργικός 意指手艺人的，工匠的，手艺人似的。作为一个衍生词，δημι–ουργός 不仅有工匠的、手艺人的含义，也有世界创造者的意思。[2]《克拉底鲁篇》中，记录

1. 参见［波］沃拉德斯拉维·塔塔科维兹《古代美学》，杨力、耿幼壮等译，中国社会科学出版社1990年版，第169页。

2. 参见罗念生、水建馥编《古希腊语汉语词典》，商务印书馆2004年版，第189页。

了苏格拉底与赫谟根尼二人所讨论的语言与命名问题，其中他一方面希望把 τέχνη（技艺）与 ἐχούη（表示心灵的拥有）等同；另一方面又要求把 μηχανή（发明）添加到 τέχνη（技艺）上，“如果你允许我把 μηχανή（发明）添加到 τέχνη（技艺）之上，那么我就称心如意了，因为我感到 μηχανή 是伟大成就的象征”[1]。(《克拉底鲁篇》415A–B)“技艺”这一词语本就极为复杂，而 μηχανή（发明）一词又有设计、凭技术制造、发明等多重含义。[2] 也就是说，在柏拉图心目中，技艺是与心灵相关的、带有伟大成就的发明活动，绝不仅仅是手工的、机械重复规则的人工制品这一单薄的意义。拉里·席纳认为彼时也出现了很多关于“某物是艺术吗?”的文章，皆着力区分不同等级的、不同种类的艺术，但包括柏拉图在内的古希腊人称一人为“艺术家”(柏拉图区分了大艺术家和一般的工匠）时，往往如今天我们称一人为“科学家”那样，充满了对对象的尊敬，“艺术家”是优等社会群体。[3]

那么“艺术家”一词在柏拉图的文本中到底是何种模样？与工匠一词是何关系？首先必须澄明的是，当时还没有所谓“艺术家”(artist）的用法，只有“万能的工匠”的用法。在《理想国》中，

---

1. 柏拉图:《柏拉图全集》(第二卷)，王晓朝译，人民出版社2003年版，第100页。
2. 参见罗念生、水建馥编《古希腊语汉语词典》，商务印书馆2004年版，第547—548页。
3. Larry Shiner, *The Invention of Art: A Cultural History*, The University of Chicago Press, 2001, p.23.

柏拉图进一步将这些技艺与创造性的善的问题联系起来。借格劳孔之口，他提出了作为“艺术家”的最高造物主这个比喻。他强调除这些技艺之外，各行工匠之上都有一个制造理式的工匠，他才是真正的“艺术家”，朱光潜的译本中表述如下：

苏：制造理式的那种工匠应该怎样称呼呢？

格：你指的是谁？

苏：我指的是各行工匠所制造出的一切东西，其实都是由他一个人制造出来的那种工匠。

……

苏：这位工匠不仅有本领造出一切器具，而且造出一切从大地生长出来的，造出一切有生命的，连他自己在内；他还不以此为满足，还造出地和天，各种神，以及天上和地下阴间所存在的一切。

格：真是一位了不起的艺术家咧！[1]（《理想国》卷十）

此处，出现了关于“工匠”和“艺术家”两类身份的表述。而王晓朝译本中，这段翻译如下：

制造床和桌子的匠人用他们的眼睛注视着它们的类型，把我

1. 柏拉图：《文艺对话集》，朱光潜译，人民文学出版社1963年版，第68页。

们使用的床和桌子制造出来，其他事物也一样，不是吗？但是类型本身肯定不是匠人制造的。……

你会给这位匠人起个什么样的名称？

哪一位匠人？

一位万能的工匠，能制造各种匠人所制造的一切。

你讲的这位工匠真的非常能干，简直神了。……

因为他不仅能够制造各种用具，而且还能制造一切植物和动物，包括他自己，此外还能制造天、地、诸神，还有天上的各种东西以及冥府间的一切。

他说，真是一位最神奇的智者！[1]（《国家篇》596B–C）

这里，王晓朝的译本是以“工匠”和“神奇的智者”来区别匠人制作与神之创造的。

在约翰·库珀（Cooper）的英译本中，这段对话翻译如下：

And don’t we also customarily say that their makers look towards the appropriate form in making the beds or tables we use, and similarly in the other cases? Surely no craftsman makes the form itself. How could he?

There’s no way he could.

---

1. 柏拉图:《柏拉图全集》(第二卷)，王晓朝译，人民出版社2003年版，第614页。

Well, then, see what you'd call this craftsman?

Which one?

The one who makes all the things that all the other kinds of craftsmen severally make.

That's a clever and wonderful fellow you're talking about.

Wait a minute, and you'll have even more reason to say that, for this same craftsman is able to make, not only all kinds of furniture, but all plants that grow from the earth, all animals（including himself）, the earth itself, the heavens, the gods, all the things in the heavens and in hades beneath the earth.

He'd be amazingly clever![1]

英译本所使用的是 craftsman 和 clever。

而在希腊原文中，这部分的表述如下：

Plato, *Republic*, Book 10:

Οὐκοῦν καὶ εἰώθαμεν λέγειν ὅτι ὁ δημιουργὸς ἑκατέρου τοῦ σκεύους πρὸς τὴν ἰδέαν βλέπων οὕτω ποιεῖ ὁ μὲν τὰς κλίνας, ὁ δὲ τὰς τραπέζας, αἷς ἡμεῖς χρώμεθα, καὶ τἆλλα κατὰ ταὐτά; οὐ γάρ που τήν γε

1. John M. Cooper ed., *Plato Complete Works,* Hackett Publishing Company, Inc., 1997, p.1200.

ἰδέαν αὐτὴν δημιουργεῖ οὐδεὶς τῶν δημιουργῶν:

Πῶς γάρ;

Οὐδαμῶς. ἀλλ᾽ ὅρα δὴ καὶ τόνδε τίνα καλεῖς τὸν δημιουργόν.

Τὸν ποῖον;

Ος πάντα ποιεῖ, ὅσαπερ εἷς ἕκαστος τῶν χειροτεχνῶν.

Δεινόν τινα λέγεις καὶ θαυμαστὸν ἄνδρα.

Οὔπω γε, ἀλλὰ τάχα μᾶλλον φήσεις. ὁ αὐτὸς γὰρ οὗτος χειροτέχνης οὐ μόνον πάντα οἷός τε σκεύη ποιῆσαι, ἀλλὰ καὶ τὰ ἐκ τῆς γῆς φυόμενα ἅπαντα ποιεῖ καὶ ζῷα πάντα ἐργάζεται, τά τε ἄλλα καὶ ἑαυτόν, καὶ πρὸς τούτοις γῆν καὶ οὐρανὸν καὶ θεοὺς καὶ τὰ ἐν οὐρανῷ καὶ τὰ ἐν Ἅιδου ὑπὸ γῆς ἅπαντα ἐργάζεται.[1]

通过比对可知，在柏拉图的这段对话中并没有提出所谓的“艺术家”概念。严格来说，“万能的工匠”才是此处论说的重点。制造第一模型的神也是一个“工匠”。在这段背后，工匠的技能并非被贬斥的对象，工匠这个身份进化为一个抽象概念，他不是鞋匠、画匠，而是一个掌握技能的存在者。后世将其演绎为一种现代的用法，即艺术家，无疑是一种郢书燕说的方式和结果。对于此问题，

1. 柏拉图:《〈理想国篇〉译注与诠释》(下)，徐学庸译注，北京时代华文书局、安徽人民出版社2013年版，第837—838页。

应从两条路出发：一可以从“技艺家”这一概念来解读；二是承认“工匠”这一概念并非全然遭柏拉图否定。此外，类似于“我们的演说家，他是善良的和真正的艺术家”[1]，(《高尔吉亚篇》504D)“如果不经过那些使用天上的模型的艺术家的描绘，任何城邦都不会幸福”[2]。(《国家篇》500E)举凡种种都以一种褒义的、赞誉的态度来使用艺术家概念。显然，艺术家一词因此在柏拉图思想中具有一种极为重要的、带有尊贵的象征意义，即创造性。[3]

但是，后世对于柏拉图乃至整个希腊时期的艺术家概念在译介注解中却混杂了模仿者、艺术家、工匠等诸多区别。其中，模仿者与艺术家概念上的模糊乃至矛盾很大程度上出自翻译。首先，国内翻译多直接用艺术取代技艺。因此，柏拉图的对话中出现了如下表述：“就像其他艺术家一样，聪明的或节制的人只知道他的本行，而对于其他技艺则一无所知了。”[4]（《卡尔米德篇》171C）而英文版中区分得比较细致，其中并没有出现“艺术家”(artist)这个概念，而是用 genuine practitioner 和 craftsman 来区分艺术活动者技艺精湛程度的差异。[5]在《伊安篇》中，柏拉图强调史诗创作者与医生、画

---

1. 柏拉图:《柏拉图全集》(第一卷)，王晓朝译，人民出版社2002年版，第398页。
2. 柏拉图:《柏拉图全集》(第二卷)，王晓朝译，人民出版社2003年版，第494页。
3. Moshe Barasch, *Modern Theories of Art, 1: From Plato to Winckelmann,* Routledge, 2000, p.7.
4. 柏拉图:《柏拉图全集》(第一卷)，王晓朝译，人民出版社2002年版，第160—161页。
5. John M. Cooper ed., *Plato Complete Works,* Hackett Publishing Company, Inc., 1997, p.658.

家等拥有的技艺不同，它是一种神圣的力量，是凭天命和灵感附身的，而非技艺。因此苏格拉底要求伊安“赞美荷马时要用我们神圣的心灵，而不要用艺术家的心灵”[1]。(《伊安篇》542B）这时候的“艺术家”只指向掌握规则技艺的那类人，严格来说，只能算是工匠式的技艺家，即 craftsman。朱光潜对此有清醒的意识，因此在《文艺对话集》中对“艺术家”一词的翻译就显得更为谨慎合理，突出了柏拉图推崇本身具备神圣的发明创造之意的“技艺”，因此“艺术家”一词常常指称创造性、神性的含义。如在《会饮篇》中，柏拉图讨论了艺术家的不同身份，朱光潜做如下翻译：

> 再说一切技艺，凡是奉爱神为师的艺术家都有光辉的成就，凡是不曾承教于爱神的都黯淡无光。[2]

又有：

> 无论什么东西从无到有，中间所经过的手续都是创作。所以一切技艺的制造都是创作，一切手艺人都是创作……但我们并不

1. 柏拉图：《柏拉图全集》(第一卷)，王晓朝译，人民出版社2002年版，第315页。
2. 柏拉图：《文艺对话集》，朱光潜译，人民文学出版社1963年版，第249页。

把一切手艺人都叫做创作家，却给他们各种不同的名称。[1]

相比之下，有些译本对艺术家的概念处理就显得相对随意。例如，柏拉图在《理想国》(597D)中谈及绘画时用到了模仿者和制造者等多种表述，其中模仿者 μῑμτής 一词在塔塔尔凯维奇的《古代美学》中就被直接英译为 artist，相应地，中译本也就直接将其译为了“艺术家”。“我们也能称画家为一个表演者或制造者吗？……我认为是把他叫作一个‘艺术家’再现表演者或制造者所制造的事物……悲剧诗人同样是一个再现事物的艺术家。”[2]

要知道，在古希腊语中，μῑμτής 一词的意思是模仿者，且只有模仿者一种意思。[3]用“艺术家”指代“模仿者”，就出现了一个错位，模糊了模仿者和真正“艺术家”两者间的本质差异，也混淆了古代技艺层面的“技艺家”与现代含义的“艺术家”的概念。

从希腊文的“模仿者”流转到中文文本中的“艺术家”，现代艺术观念被无意间投射到希腊语言的原义中，直接以艺术家替换了

1. 柏拉图:《文艺对话集》，朱光潜译，人民文学出版社1963年版，第263页。
2. 塔塔尔凯维奇的《古代美学》中选录了柏拉图的《理想国》(597D)的希腊文及对照的英文译本。参见 Wladyslaw Tatarkiewicz, *History of Aesthetics : Ancient Aesthetics*, edited by J.Harrell, Thoemmes Press, 1999, p.133。此段中文翻译参见[波]沃拉德斯拉维·塔塔科维兹《古代美学》，杨力、耿幼壮等译，中国社会科学出版社1990年版，第175页。
3. 参见罗念生、水建馥编《古希腊语汉语词典》，商务印书馆2004年版，第549页。

模仿者，艺术家与模仿者、创造者的含义也就顺理成章地混为一体。这一问题在新近的译本中得到修正，王晓朝译本所译就相对合乎艺术家这一概念的历史逻辑。

> 我们也可以称画家为这类东西的创造者或制造者吗？
>
> ……
>
> 他说，他是那些由其他人制造出来的东西的模仿者，在我看来这个称号对他来说是最合理的。
>
> ……
>
> 这个说法也可用于悲剧的制造者，要是悲剧是模仿者，他的本质与真知的国王或真理隔着两层，就像其他所有模仿者一样。[1]

如此模仿者与艺术家在概念上的本质差异才得以明确。

此前之所以出现混乱，一种原因是长久以来艺术模仿论的影响，造成艺术家和模仿者概念的混用；另一种原因是翻译过程中的意义流失，艺术和艺术家古今含义间的巨大差异被遮蔽了，也因此导致了后世对模仿及艺术问题的诸多误判。如在许多当代艺术史研究者看来，希腊人对具体艺术创作者的评价似乎是很高的。典型者如哈里森认为：希腊艺术作品“是根据艺术家脑海中所记忆的理念

1. 柏拉图：《柏拉图全集》（第二卷），王晓朝译，人民出版社2003年版，第616页。

的投射，而不仅仅是对眼前物体的复制”[1]。“他带着对美的记忆来到这个世界上”，并在自己的创作中追求一切形体的美，进而放眼美的汪洋大海，以爱和智慧创造美好而高贵的思想，“并领悟到世上只有一种知识，那就是关于美的知识”。[2]哈里森的这些表述可视为从艺术角度对柏拉图思想的理想化解读。实际上，在柏拉图眼中，从事机械“艺术”的工匠并不是艺术家，艺术家是与爱神、创造等联系在一起的，具有创造之能力的一个神圣身份。

“艺术家”这一概念的应用及与“模仿者”概念的联系和区隔，说明柏拉图将模仿这一行为与技艺概念中隐含的创造性内容既连接起来又有所分离。如果柏拉图将“艺术家”一词用在一位雕塑师身上，那只不过是为了表达对雕塑师的褒扬和赞美，因为他掌握了充分的理式，具有创造力，所以他不再是拙劣模仿级别的具体手工劳动者，而是一位如“艺术家”一般的高级“工匠”。即便身处低等级的社会地位，艺术也可以与经验世界中的实体一起，以模仿这一方式，借助技艺中的创造性思想通途，最终指向最高等级的真实。通过模仿与技艺两个概念，柏拉图将“艺术”概念置于一种纯粹理论化定义与应用性实践之间。

---

1. [英]简·爱伦·哈里森:《希腊艺术导论》，马百亮译，商务印书馆2017年版，第151页。
2. [英]简·爱伦·哈里森:《希腊艺术导论》，马百亮译，商务印书馆2017年版，第15、155页。

第四章

# 柏拉图论灵感与艺术

柏拉图的艺术灵感论与他的理念论常被联系在一起进行解读。但是，灵感自身是理性还是感性，抑或是理性与感性的统一，众说纷纭间浮云遮望眼，反而堆积为一种见仁见智的不确定性，至今在哲学层面不够清晰明了。本章将力争撇除这些纷扰，就灵感概念自身及其与艺术的关系进行一种文本的、历史现场的平实读解。

## 一、从创造到灵感

在进入灵感与技艺问题前，先来看一段柏拉图关于诗歌之创造性的描述。在《理想国》(606D）中，柏拉图提出了创造性的诗的问题。

ποιητικὴ μίμησις…τρέφει γὰρ ταῦτα ἄρδουσα, δέον αὐχμεῖν, καὶ ἄρχοντα ἡμῖν καθίστησιν, δέον ἄρχεσθαι αὐτὰ, ἵνα βελτίους τε καὶ εὐδαιμονέστεροι ἀντὶ χειρόνων καὶ ἀθλιωτέρων γιγνώμεθα.[1]

本段英译为：

And in the case of sex, anger and all the desires, pleasures and pains that we say accompany all our actions...poetic imitation has the very same effect on us. It nurtures and waters them and establishes them as rulers in us when they ought to wither and be ruled, for that way we'll become better and happier rather than worse and more wretched.[2]

此段中译为：

诗歌在模仿（这些情感时）……给它们浇水施肥；而我们必须统治情感，以便我们可以生活的更美好、更幸福，而不是更糟糕、更可悲。[3]

这里“模仿的诗歌（ποιητικὴ μίμησις）”令情感更为丰沛，意

1. Wladyslaw Tatarkiewicz, *History of Aesthetics: Ancient Aesthetics*, edited by J.Harrell, Thoemmes Press, 1999, p.133.

2. John M. Cooper ed., *Plato Complete Works*, Hackett Publishing Company, Inc., 1997, p.1211.

3. 柏拉图:《柏拉图全集》(第二卷)，王晓朝译，人民出版社2003年版，第630页。

义更为丰繁，这些皆源于诗歌的创造力而不是它的单纯的模仿。这也是柏拉图察觉到的危机：诗歌的创造力激发了情感，而我们要对它加以控制，不然，我们的生活可能会由于诗歌的刺激招来混乱而导致危险和悲剧。那么这种创造力来自哪里？是一种人自身诗歌技艺提高的结果还是天赋能力？这就涉及柏拉图诗歌的灵感论说。

从语义角度看，古希腊语 ποιησις 这个表示诗歌的尾缀有制作、创作、制造，诗歌的创作、诗的艺术，作品、诗作等意；ποιητικη（诗的）本意是指有创造力的、能创造的、创造性技巧的、诗学、诗的艺术；相应的，μίμησις 的意思是模仿。柏拉图在此的主旨是要讨论有创造性的、诗的模仿问题。而 ποιητής（诗人）一词也有制造者的意思，有制造力的、法律制定者、制造者、工匠、匠人等多个含义，此外还有制定者、立法者、作者、诗人、诗歌创造者等含义；ποιητικος（诗艺的）则有能创造的、有创造力的、创造性的技艺、诗的、诗的艺术、诗学等含义。[1] 从上述解释中可以发现，诗在古希腊语中还包含制作、创造性的，甚至工匠等多层含义，而诗歌天然与技艺相关联。换言之，诗人的创造也需要技艺，诗歌创作是一种技艺，这是《伊安篇》展开讨论的语义前提。科林伍德就此指出，希腊人一旦制定了技艺理论的基本轮廓，就会被诱惑着在以前恰当、不恰当的场合寻找技艺的各种实力，柏拉图对这种诱惑

1. 参见罗念生、水建馥编《古希腊语汉语词典》，商务印书馆2004年版，第549页。

的最强抵制表现在他的《理想国》中，他努力证明正义和非正义皆非技艺；但对诗歌的处理中，柏拉图和亚里士多德就屈从于这种诱惑，认为“诗歌是他们详加探讨的唯一艺术，他们都认为诗歌理所当然地是一种技艺，并且把这种技艺称为诗艺”[1]。“技艺”指向的是规划和指导“范式”，而诗歌中的灵感是可以超越规则的，因为它无须教授，而是如神所特有的吸引力强大的磁石一般，不断地将诗歌的磁力传递给人们。由此，诗歌中灵感与技艺问题就形成了一个巨大的分歧点，隐匿其中的矛盾性得以凸显：一方面，对于音律、语词节奏等知识规则的掌握是作诗所不可少的；另一方面诗歌需要超越这种技艺而接受神的附体才能成为优秀的诗。那么柏拉图对于诗歌中的技艺到底持何种态度？在他看来天赋灵感的诗歌真的不需要技艺吗？这里需要仔细甄别。

## 二、灵感与技艺的悖谬

通常我们所熟悉的是，柏拉图推崇的是诗歌的灵感论。在《斐德罗篇》(又译《斐德若篇》)中，柏拉图依灵魂对真理洞见的程度，排列出九个层级的人群。

---

1. [英]罗宾·乔治·科林伍德:《艺术原理》，王至元、陈华中译，中国社会科学出版社1985年版，第18页。

斐德罗篇

Phaedo, by Plato, copied in AD100, London, Egypt Exploration Society, 1809.（https://www.britannica.com/biography/Plato）

第一流是爱智慧者、爱美者、诗神爱神的顶礼者；

第二流是守法的君主、战士或善于发号施令者；

第三流是政治家经济家；

第四流是体育爱好者或治疗身体者；

第五流是预言家或掌宗教典礼者；

第六流是诗人或其他摹仿的艺术家；

第七流是工人或农民；

第八流是诡辩家或煽惑群众者；

第九流是僭主。[1]

1. 柏拉图:《文艺对话集》，朱光潜译，人民文学出版社1963年版，第123页。

在九个阶层中，出现了两次与诗歌相关的内容，分别处在不同的品级。诗人与模仿的艺术家处在第六等级；而顶礼诗神的人处在最高一级。真正奉神的优秀诗人对自己描述的事物确有真知，奉爱神的诗人正是拥有灵感之人，而仅掌握技艺的诗人不是优秀的诗人。不仅如此，柏拉图还认为画家、雕塑家、笛师、琴师、竖琴歌者和诵诗人皆掌握着自己的技艺，但诗神给人以灵感，高明的诗人凭神赋予的灵感的驱遣而非技艺来完成诗歌。

与懂算术技艺的人、医生、画家、雕刻家、演奏家所掌握的能力不同，诗人解说荷马的才能并不是一门技艺，而是一种神圣的力量，“诗歌像光和长着翅膀的东西，是神圣的，只有在灵感的激励下超出自我，离开理智，才能创作诗歌……只有神灵附体，诗人才能作诗或发预言。（由于）诗人的创作不是凭借技艺……而是神的指派”[1]。（《伊安篇》534B–C）由此，掌握技艺的只是一般的诗人，而接受神的灵感的才是“神圣的人”[2]。（《伊安篇》542A）

显然，在上述罗列的片段中，柏拉图十分肯定诗人的灵感，但是，他对于灵感果真没有丝毫的质疑吗？技艺与灵感不同，技艺靠习得，灵感靠神赐。习得技艺的普通诗人至少还是脑力劳动者，其位列第六，排在工人和农民之前。更重要的是，柏拉图对

1. 柏拉图：《柏拉图全集》（第一卷），王晓朝译，人民出版社2002年版，第305页。

2. 柏拉图：《柏拉图全集》（第一卷），王晓朝译，人民出版社2002年版，第315页。

诗歌中技艺与灵感谁更重要并不十分确认。在《伊安篇》中，通过苏格拉底追问伊安解说荷马技艺的一番对话，柏拉图将自己对诗歌中的技艺与灵感之矛盾态度巧妙地隐藏在对话的多层折转中。[1]

第一层，伊安承认诵诗的技艺。在了解和解说诗人的本领时，伊安回答说自己曾在“诵诗的技艺上费过很多心力”，“你也应该听我怎样凭艺术来美化荷马”。这首先从伊安的角度认可做一个杰出的诵诗人是需要有技艺的。

第二层，苏格拉底对诗歌的技艺进行了界定。由于伊安承认自己只对荷马提得起兴趣，而听人谈到其他诗人就要打瞌睡，苏格拉底又提出，“如果你能凭技艺的规矩去解说荷马，你也当然就能凭技艺的规矩去解说其他诗人，因为既然是诗，就有它的共同一致性”。尽管诗人是凭灵感而非技艺来诵诗的，但诗的共同一致性表现在技艺，因此，对话中提出“诵诗的技艺和御车的技艺本来不同”，“它们的知识题材也就不同”。[2] 这段对话表明：柏拉图所理解的诵诗是带有一定程度普遍性的专门技艺。

---

1. 在陈中梅看来，柏拉图的“对话”是一批精心编制的剧作，（柏氏亦曾把哲学家比作“最好的悲剧诗人”）充分显示了作者高超的构组技巧和驾轻就熟地处理内容与形式之关系的老到功力。参见陈中梅《柏拉图诗学和艺术思想研究》，商务印书馆1999年版，第225页。

2. 柏拉图：《文艺对话集》，朱光潜译，人民文学出版社1963年版，第5、6页。

第三层，伊安被引导着承认自己是靠灵感来诵诗的。在整篇对话的最后，柏拉图笔锋一转，在道德的舞台上完成了灵感与技艺的这次比拼。苏格拉底断定伊安之所以一直回避诵读自己所擅长的诗歌题材，要么是由于伊安虽然真的拥有对荷马技艺的知识，却口惠而实不至，欺瞒哲学家，是不诚实的；要么就是由于伊安并没有掌握技艺的知识，只是凭借了荷马灵感。在这种带有道德价值判断的诱导式的追问中，伊安就此承认“受灵感支配总比不诚实要好的多”，于是苏格拉底说道：“那么，伊安，我也就朝好的一边想，认为你的宣扬荷马的本领不是凭技艺的知识，而是凭灵感。”[1]

仔细考量可发现，在这长篇的对话中，技艺和灵感谁也没能占据上风。因为单纯从字面意思来解读，我们会发现两处矛盾。

第一，技艺与灵感哪一个对诗歌更为重要，似乎并不十分明晰。对话中苏格拉底利用了道德“诱导”诗人承认自己没有诵诗的技艺，只有神赐的灵感附体。我们不能由此断定柏拉图的诗论是完全反对技艺的，相反，潜在的逻辑中暗藏了苏格拉底的言外之意：如果伊安掌握了真正的诵诗的技艺，那么他就可以当场为苏格拉底吟诵诗歌。正是因为伊安没有掌握真正的技艺，所以只能承认自己是凭灵感来诵诗的。退一步，如果这种推论不能算作

---

1. 柏拉图:《文艺对话集》，朱光潜译，人民文学出版社1963年版，第19、20页。

依据的话，至少可以看出柏拉图在记述这段对话时是徘徊于神的附体的灵感和技艺规则之间的，并没有十分明确的主张。

第二，对话人伊安是一个诗人，他似乎并不太反对技艺。只是在苏格拉底提出吟诵诗人只能讲诵某一诗人的作品，而掌握诗艺的人能权威地解释所有诗人的作品时，他为了避开“哲学家”所攻讦的“不诚实”之罪名，退而求其次地承认自己是凭着灵感来诵诗的。与其说诗歌中的技艺问题败给了灵感，不如说伊安在难以为自己的技艺进行辩解时，仓皇之中被逼退到灵感这一孤悬的诵诗方式上。这显然不是柏拉图一贯所主张的严密的逻辑推演结论。或许，在柏拉图眼中，掌握诗艺的人并不存在，因为诗人与系统知识之间有隔离。[1] 诗是一种不同于御车等其他技艺的独特的技艺，理解诗歌需要知识和关于诗歌的普遍技艺。poiētikê 本身就是一种“诗艺”，“理解 poiētikê 的‘真谛’和全局性需要知识（epistēmē），需要掌握普遍适用的技艺”，由此没有掌握相关知识和技艺的诗人并不是真正的“掌握诗艺的人”。[2] 又或者，这干脆就是柏拉图在《理想国》中提出的关于谎言的难题和谜语般的隐

1. 参见陈中梅《柏拉图诗学和艺术思想研究》，商务印书馆1999年版，第214页。

2. 陈中梅:《柏拉图诗学和艺术思想研究》，商务印书馆1999年版，第38页。

晦思想特质[1]，并不适合仅从字面得出直接答案。

这两处矛盾说明：在《伊安篇》中其实很难直接判定柏拉图对灵感和技艺更偏重哪一方，柏拉图对诗歌技艺问题的犹疑心态一览无余。正如陈中梅分析的那样，由于技艺观念的锢束，柏拉图饱受诗歌灵感中不确定性知识带来的困扰，正是由于诗的迷狂对哲学的、确切知识的反对迫使爱诗的柏拉图对诗人“抱着一种掺杂着‘怨恨’的赞慕之情”[2]。诗歌中的灵感所带来的不确定知识简直令柏拉图爱恨相交。

这种犹疑态度还在多处有表现：例如，在《斐多篇》中，苏格拉底认为创作诗歌也是一种技艺，而且是一种通俗的技艺，能够纯洁人的灵魂。只不过他认为诗人要配得上这个名称，必须写想象性主题，而不是描述性主题。[3]在《斐德罗篇》中，他却强调：没有缪斯的迷狂，无论谁追求使他能成为一名好诗人的技艺都是不可能的。“与那些迷狂的诗人和诗歌相比，他和他神志清醒时的作品都黯然无光。”[4]显然，技艺概念作为一种规则、范式的含义与

---

1. 关于柏拉图由于善的缘故而取的一种“高尚的谎言”和其对话中隐晦复杂的表达方式的阐述参见[美]约翰·E.彼得曼《最伟大的思想家：柏拉图》，胡自信译，中华书局2002年版，第16、21页。
2. 陈中梅：《柏拉图诗学和艺术思想研究》，商务印书馆1999年版，第40页。
3. 参见柏拉图《柏拉图全集》(第一卷)，王晓朝译，人民出版社2002年版，第56页。
4. 柏拉图：《柏拉图全集》(第二卷)，王晓朝译，人民出版社2003年版，第158页。

灵感迷狂等的关系在柏拉图的体系中形成一种张力关系。

陈中梅认为：理解二者的张力性关系需要注意两点。第一，希腊的“技艺”中包含着为达目的而必须“制作”，但制作是一种实用性很强的“技巧”，“诗人不仅要通习语言，而且还要学习有关音律的知识，能够分辨音高的变化，知道哪些音符可以连合，哪些搭配应该避免。柏拉图称这种识辨能力为“技艺”（technē），而掌握这种技艺的人就是合格的音乐家（musikos）——反之，便是音乐的门外汉（amousos）”[1]。第二，柏拉图文中的“灵感”（或“神赐”）与“制作”是两个互相排斥、又彼此统一的概念。“灵感”否定技艺，而“制作”则意味着利用掌握的技艺达到推出产品或成品的目的。如此一来，一方面，对于音律、语词节奏等知识规则的掌握是作诗所不可少的，另一方面，诗人需要超越这种技艺而接受神的附体才能成为佼佼者。技艺和灵感均不可偏废，二者如果结合得好，就可以形成用技艺“约制”灵感和规导诗兴的诗歌典范，从而达成一个内容健康且结构完美的作品，如柏拉图的《法篇》可以使人读后感到快慰，产生喜悦之情。[2]

在我们看来，柏拉图之所以无法彻底否定诗歌技艺的规范和秩序，还有另一个原因，那就是出于构划其理想城邦的蓝图的需

---

1. 陈中梅：《柏拉图诗学和艺术思想研究》，商务印书馆1999年版，第214页。
2. 参见陈中梅《柏拉图诗学与艺术思想研究》，商务印书馆1999年版，第225页。

要。在《理想国》第三卷中，柏拉图的理想城邦是允许有非轻浮的模仿艺术的，但在第十卷中，他禁止了所有的诗歌。面对包含诗歌、音乐等表演的戏剧，柏拉图的态度更加摇摆，在理性与带有享乐意味的艺术之间难以取舍。冯·瑞登（Sitta von Reden）和戈尔德希尔（Simon Goldhill）就此指出哲学家面临的双重问题：既存在于他所在社会的文化中，又存在于以贤哲的形象为代表的智慧表演传统中。因此，在身体层面引出了对真理、谎言和表征关系问题的大争论。[1]这既是技艺与灵感的矛盾纠缠，也是理性与享乐之间的对冲。为构建一个完美的、发展良好的城邦，柏拉图要求包括诗歌在内的诸艺术都拥有技艺与教化功能。故而，他不仅要求对诗人进行监督，强迫他们在诗篇中培育具有良好品格的形象，而且还要监督其他拥有技艺的人，“禁止他们在绘画、雕塑、建筑，或其他任何艺术作品里描绘邪恶、放荡、卑鄙、龌龊的形象”[2]。(《国家篇》401B)

此处，需要区分的是：诗人及其他的技艺与借技艺所表达的内容属于两套理论体系。前者基于柏拉图对技艺本体和形式的肯定，后者基于柏拉图对技艺之政治或道德伦理学的否定；前者属

1. 参见［英］戈尔德希尔、奥斯本编《表演文化与雅典民主政制》，李向利、熊宸等译，华夏出版社2014年版，第343页。
2. 柏拉图:《柏拉图全集》(第二卷)，王晓朝译，人民出版社2003年版，第368页。

于技艺本体论，后者属于技艺功能论，二者分属不同的知识体系，但均统一在技艺的理性之下[1]，因此具有了互通的可能，“美好的节奏与和谐的音调与节制与美好的气质相关联，并且成为它们的象征”[2]。不过，就柏拉图自身而言，他后期的思想回归到了技艺的本体论，那就是各门艺术都应该通过规制性的表达接近纯粹理性的内容，与政治等高级技艺连接为一个整体，才能不断趋向宇宙的绝对真理。

出于对诗歌的灵感或创造性特性之迷狂，现代艺术理论或美学家往往会将灵感放大为整个艺术家应有的、超越理性的“真正”的存在，他们从美学研究的现代性立场出发，素爱举《伊安篇》中的灵感说。虽然在理论中也会尊重历史事实，将理性的技艺和带来迷狂的灵感这两种状态放在一起一较高下，但结论往往是灵感论略胜一筹才好。例如，在比厄斯利看来，“尽管不同的艺术（例如从建筑师到史诗吟诵者的艺术）也许会要求或多或少的有意识的计算，尽管分析一件已经完成了的艺术作品的美也许会要求理性的思考，但当美以某种感性形式被捕捉之时，某种对创造性

1. 关于柏拉图与亚里士多德对技艺的伦理学阐释，尹德辉的博士学位论文中有深刻的解读，本文仅从艺术生产角度来反思当时的技艺理论，故此处不做展开。具体可参见尹德辉《艺术哲学视野下的古希腊“技艺”思想研究》，博士学位论文，山东大学，2017年。
2. 柏拉图：《柏拉图全集》（第二卷），王晓朝译，人民出版社2003年版，第368页。

的爱的放纵，某种灵感支配下的对理想美的接近，仍参与其中”，为此，艺术家“不需要基于坚实经验基础的意见或生产技能，更没有对其他范式的基本逻辑与数学联系的理性把握”。[1] 在鲍桑葵的《美学史》中，柏拉图的这段论述被判定为排除了生活和生活画面的绝对美，体现的是“希腊哲学固有的局限性”[2]。我们当然不反对现代美学家在柏拉图的思想中寻找“感性形式”的灵感或“富有个性的”生活美的痕迹，但不能就此而否定甚至贬抑柏拉图诗歌理论中对艺术作为一门技艺的理性知识的肯定，以及他对于美的理性规定的终极追逐。

---

1. [美]门罗·C.比厄斯利:《美学史：从古希腊到当代》，高建平译，高等教育出版社2018年版，第61、62页。
2. [英]鲍桑葵:《美学史》，张今译，商务印书馆1985年版，第47页。

第五章

# 柏拉图论『美』、数与艺术

由逻各斯所支撑的技艺，受到理性的控制。技艺的这一特质最终朝向的是数学这门知识。事实上，在柏拉图的逻辑学之前，希腊的数学家特别是毕达哥拉斯学派的数学思考者们就已经意识到数学知识在各领域中所起到的根本作用（当然，这一作用是有条件的）。相应地，在技艺中，数学亦同样成为此类知识的重要基础，加之，在逻各斯的统领之下，希腊人对确切性知识的偏好也投射到对于美的界定及后世艺术学科的构成过程中。其中，关于“美”的界定中大量体现了技艺所遵循的原理和规则性要求，而非近代以来确立的以情感为基础的现代艺术范畴。在柏拉图的思想中，“技艺”与“美”和“数”两大系统捆绑在一起，在形而上的理论层面构成了希腊艺术理论的理性美学特性。

## 一、“美”的原真意涵与形式

首先，需要说明的是“美”这一概念在希腊文化中的独特意指。从词源上来看，“美”（*kalos*）对应的拉丁语词是*pulcher*，英文词汇则是 beautiful。然而，美在希腊文化中不只有感官层面的审美之义，它可以从美丽的城邦、美丽的女人，延伸到德性之美、伟大灵魂的美丽的境界，等等，用法及含义十分广泛。不过，英国著名古典学者汉弗莱·基托（H.D.F.Kitto）认为这种说法是不准确的。他发现，其实希腊人将万物看作一个整体，拒绝将词义分门别类化。我们以现代专业范畴的思维方式把希腊人整体观下的与美有关的内容平行范畴划分为道德的、智力的、审美的、实践的等，但实际上 *kalos* 的真正含义类似于“值得热烈赞美的”。[1] 因此，当我们看到柏拉图大量论述“美的形式”时，美不仅是一种审美的意趣，而且指向对比例、适度、秩序的认可和对构成最完美的形式的赞叹。创造宇宙的“工匠”（神性存在）使用了一种模型，只是这种模型是永恒不变的还是被制造出来的，这一问题需要进一步被追问。“如果这个宇宙确实应当是美的，而且这位创造者又是善的，那么他显然一定会注视那永恒者，倘若不是，那么他所注视的必然是被创造出来的模型。”（《蒂迈欧篇》29A–C）在此段表述中，宇宙应该是一个完美的存在，宇宙是一切被造物中最美的，创造主是最善的，这样的宇宙是不变的，是由神的旨意赋予灵魂和理智的

1. 参见［英］H.D.F. 基托《希腊人》，徐卫翔、黄韬译，世纪出版集团、上海人民出版社 2006年版，第164—165、170页。

生物，也是理性和心灵可以把握的样式[1]，“美”也因此指向了理念世界。

其次，柏拉图的美的理论与有用相关。受苏格拉底之影响，柏拉图比较重视美与实际生产中的有用性之关系。苏格拉底素来鄙视那种较为复杂的数学，因为他看不到它的实际用处。[2] 苏格拉底的这种作为联系实践性知识的技艺观[3]，在整个古希腊时期是比较有代表性的，而且这种实用理性的思想在艺术领域表现为一种实用的审美标准：物品是否具有实用价值也是古希腊人的一条审美标准。柏拉图记载的苏格拉底在《大希庇亚篇》（295E）里说道“有用就是最突出的美”[4]。在此，“美”这个词语既可以用于身体等自然物，也可以用于用具、习俗和法律，还可以用于乐器和一般的艺术（技艺）用品，后二者的标准是有用。在《高尔吉亚篇》（474D）中，

---

1. 参见柏拉图《柏拉图全集》（第三卷），王晓朝译，人民出版社2003年版，第280页。
2. 参见［古希腊］色诺芬《回忆苏格拉底》，吴永泉译，商务印书馆1984年版，第182—184页。
3. 不同于毕达哥拉斯，出身平民的苏格拉底（其父是一位雕刻家，母亲则是一位接产婆）更愿意研究人的世界，他将天文学的目的定位为掌握日夜时辰、四时节令及其他需要按节令和月份工作的方便，对于那些研究天体、彗星、行星运行周期和原因等知识者他并不赞成，因为“人不应该去探究神所不愿意显明的事情”。他将几何的目的定位于丈量一块人所希望购买的土地，几何学（geometry）的本意为土地的测量。参见［意］维柯《新科学》，朱光潜译，商务印书馆1989年版，第428页。
4. 柏拉图：《柏拉图全集》（第四卷），王晓朝译，人民出版社2003年版，第46页。

柏拉图认为美是由于带给人快乐和有用。[1] 苏格拉底的这种思想无疑是一个重要的美学流派。只是柏拉图在后期开始明确地反对“应用数学”，他“蔑视或许除直尺和圆规以外的任何工具的使用”[2]，并将这种思想延伸到美的定义，在自己的哲学体系中着重强调的是非应用性的纯粹理论。

在《会饮篇》和《斐德罗篇》中讨论美时，柏拉图不仅思考了人的身体的美，而且谈论到了心灵的美好习性和美好的认识，但他在这种关联中并没有提及艺术作品或人工制品。斯多葛学派在他们的著名陈述里把美与善联系起来，他们所说的“美”是道德上的善，而善则被理解为有用，只不过柏拉图更重视从数理的角度来理解善的有用性，这样影响到他对美和艺术的规则性要求。

最后，美的形式在于比例与尺度、规则与纯粹。在《理想国》（523B–C）中，柏拉图在论述真正的知识时曾指出：和声学考虑数的和谐，因此是有用的研究，其目的是寻求美和善，并指出这几个学科进展到一定程度时，彼此是互相结合、互相关联的，由此能推导出它们之间的共同性质。在《斐莱布篇》中，柏拉图明确将美的形式指向了理性学科几何学和理论意义上的规则与纯粹性。

---

1. 参见柏拉图《柏拉图全集》（第一卷），王晓朝译，人民出版社 2002 年版，第 356 页。
2. [美] 乔治 · 萨顿：《希腊黄金时代的古代科学》，鲁旭东译，大象出版社 2010 年版，第 539 页。

我说的美的形式不是大多数人所理解的美的动物或绘画，而是直线和圆以及用木匠的尺、规、矩来产生的平面形和立体形。[1]我怀疑你是否能明白，我认为这样的事物是美的，但它们与其他大部分事物不一样，大部分事物的美是相对的，而这些事物的本质永远是美的，它们所承载的美是它们特有的……柔和清晰的声音可以产生一系列纯粹的音调，它们的美不是相对于其他事物而言的，而是它们自身的。[2]（《斐莱布篇》51C–D）

快乐和强烈的享乐由于缺乏尺度被放置在理性和知识的对面，因此出现了如下的对话：

苏格拉底：还有第三样事物，我想要你告诉我。理性比快乐在美中拥有更多的部分吗？也就是说理性比快乐更美吗？或者正好相反？

普罗塔库：当然了，苏格拉底，没有人，无论是醒着还是在做梦，会看到理智和理性是丑陋的……

1. 这一点应该与早期宇宙学说如毕达哥拉斯理论相连贯，毕达哥拉斯认定球形最美：球形是所有立体形态中最美的形式，犹如圆是所有平面图形中最美的形式一样。参见［美］凯·埃·吉尔伯特、［联邦德国］赫·库恩《美学史》，夏乾丰译，上海译文出版社1989年版，第14页。

2. 柏拉图：《柏拉图全集》（第三卷），王晓朝译，人民出版社2003年版，第239页。

> 苏格拉底：……快乐不是第一位的财富，也不是第二位的，倒不如说，第一位的财富已经永远被安置在有尺度的领域中——尺度或恰当。
>
> ……
>
> 苏格拉底：第二位的财富安放在有比例的、美丽的领域，或者完善的、令人满意的领域等等。[1]（《斐莱布篇》65E–66B）

这段对话中，现实事物的美是相对的，只有比例和尺度才配得到最高的敬意，抽象形式的美按其本质永远是绝对的美，并令人产生特有的愉悦。因此，当我们读到制作图像的工匠们“抛弃真相，在造像时不按照原物的真实尺寸，而只要造出来的像显得美”[2]（《智者篇》236A）时，就很容易理解柏拉图对此类物品的失望，匠人或雕塑家制作的雕像与智者的技艺及水中或镜子中的影像一般，是具有真实存在的虚假的东西。[3]虽然“显得美”和“真正的美”之间的差异在柏拉图思想中并没有得到彻底处理或解决，但显然我们能明确判断出这里的“美”指向的是比例或尺度所带来的秩序、平衡或对称。同时，美、比例（尺度）、真理三种形式要联合一体以确

---

1. 柏拉图:《柏拉图全集》(第三卷)，王晓朝译，人民出版社2003年版，第261页。
2. 柏拉图:《柏拉图全集》(第三卷)，王晓朝译，人民出版社2003年版，第30页。
3. 参见柏拉图《柏拉图全集》(第三卷)，王晓朝译，人民出版社2003年版，第30—37页。

保善与完美。恰是在这种以数的理性为主导观念中，柏拉图心目中的艺术为着“完美”这个目标，要努力探寻一种符合数理逻辑的技艺法则。在《大希庇亚》(288A）中，柏拉图提出美的事物之所以美是因为它拥有了美，但柏拉图并不止步于这种循环论证之闭环，而是试图区分“美是什么”和“什么是美的”之不同，且重在寻求美本身是什么。虽然最终他承认“所有美的东西都是困难的”[1]，(《大希庇亚》304E）美是什么没有答案，但在对话中依然能看到他关于美的基本观点：诸神、少女、陶罐分属不同的美；但存在着绝对的美，把美的性质赋予一切事物——石头、木头、人、神、一切行为和一切学问，使一切事物井然有序并拥有显得美好的外形。

## 二、数理原则与技艺

美与技艺共享数理原则。在柏拉图之前，毕达哥拉斯提出的最重要的哲学命题之一是：世界是和谐的数，数是万物所模仿的模型。塔塔尔凯维奇认为：柏拉图在晚期更多地强调了毕达哥拉斯学派的概念，他留给后代的既有形而上学的美学又有数学的美学。[2]

---

1. 参见柏拉图《柏拉图全集》(第四卷)，王晓朝译，人民出版社2003年版，第61页。
2. 参见[波]沃拉德斯拉维·塔塔科维兹《古代美学》，杨力、耿幼壮等译，中国社会科学出版社1990年版，第158页。

换言之，柏拉图正是在形而上的理性的基础上提出并形成自己的美学观念，也因此在模仿性质的人类生产中，为艺术指定了一个终极的却难以企及的理性目标——理念世界。

其一，数理原则为艺术的前提。依据形而上学，艺术的判定标准在于是否达到正确或完美，而非单纯的感性经验层面的审美。吉尔伯特则认为，在后期的柏拉图理论中形成了一种以毕达哥拉斯创立的数学和几何学为基础的、用度量为技术服务的艺术观，这种艺术不只是为数学计算自身而存在，还是考虑到目的的那种计算，有了这种预期的目标与所追求的利益的计算，才能使卓有成效的艺术与制作之间产生巨大的差异。[1] 理性美学的背后有一个强大的学科支柱，那就是希腊人对数学的偏好，在数学理论的不断推进中，古希腊时期“人们开始依靠理性，而不是凭感官去判断什么是正确的”[2]。这是柏拉图将技艺和美都视为一种逻各斯的价值判断之知识性前提。这样，后期的柏拉图理论就从苏格拉底式的实用主义美的概念走向了毕达哥拉斯式的纯粹数理性的美学。

其二，纯粹理论数学的哲学地位影响到技艺的理论发展。数学思维在希腊哲学思想中居于核心位置，这与希腊时期的数理学

---

1. 参见［美］凯·埃·吉尔伯特、［联邦德国］赫·库恩《美学史》，夏乾丰译，上海译文出版社1989年版，第32页。
2. ［美］M. 克莱因:《西方文化中的数学》，张祖贵译，复旦大学出版社2004年版，第29页。

科的高度发达密不可分。公元前5世纪至公元前4世纪，在柏拉图（前428—前348[1]）和亚里士多德（前384—前322）生活的时代，自然科学的知识已经有了相当多的成就：如公元前6世纪早期，泰勒斯发现几何学；公元前5世纪，毕达哥拉斯发现音程的数学原理；开俄斯（Chios）的希波克拉底的“元素”问世；公元前5世纪晚期，希庇亚斯（Hippias）发现了割圆曲线；德谟克利特则能够将圆锥体和棱锥与圆柱和棱柱的体积关系准确表达为1∶3；昔兰尼的赛奥多洛（Theodorus）关于无理数的著作问世；公元前4世纪上半叶，泰阿泰德（Theaetetus）归纳了无理数的基本著作；欧多克斯（Eudoxus）发明了广义的比例论[2]；等等。在如此高度发达的数学的基础上，哲学家们亦习惯以数来构思世界。

毕达哥拉斯半身像，罗马卡比托里尼博物馆

（https://en.wikipedia.org/wiki/Pythagoras）

在希腊思想家眼中，宇宙亦是参照数学原理设计的，他们试图

1. 关于柏拉图生卒年，学界尚有争议。详见第六章第一节注释。

2. 参见［英］泰勒主编《从开端到柏拉图》，韩东晖等译，中国人民大学出版社2003年版，第8—15页。

用知识揭示这种图式。毕达哥拉斯眼中的世界是由数的关系构成的，数学的原则是一切事物的原则[1]；毕达哥拉斯学派的神秘主义数本哲学正是要在数的和谐中把握逻辑规律，“他们认为‘数’乃万物之原。在自然诸原理中第一是‘数’理”；他们认为“数的要素即万物的要素，而全宇宙也是一数，并应是一个乐调”[2]。（亚里士多德《形而上学》986A）他们采纳了一种非实用性、超然的数学观：第一，恪守演绎推理是数学证明中唯一的方法；第二，坚持将数学抽象化。这使得数学从木匠的工具盒、农民的小棚和测量员的背包中解放出来，成为人们头脑中的一个独立的思想体系。换言之，以理性演绎的数学意识战胜了经验性归纳的认识路径，理性学科之源头在数学。欧几里得几何学的创立孕育出了一种理性精神，他在几何学中运用几百条证明显示出推理演绎这种方法的绝对可靠性，这使得希腊人充分意识到理性的力量，同时也增强了他们利用理性获得成功的信心，并从此走向了对理性知识的追求。在精确的定义、清楚的公设、严格的证明等系列要求中，理性精神渗透到技艺专业

1. 毕达哥拉斯的数的理论与艺术及美的关系也是非常重要的却没有受到普遍关注的内容，20世纪80年代，李泽厚曾提出：“古希腊的毕达哥拉斯关于美与数的比例关系的理论，尽管这理论曾穿上神秘主义的盛装，但它在初步提示美外在形式与伦理心理结构可能具有某种数学的同构关系上，是至今仍有启发意义的。”参见李泽厚《美学》，载《外国美学》编委会编《外国美学》（第一辑），商务印书馆1985年版，第4—15页。
2. 亚里士多德：《形而上学》，吴寿彭译，商务印书馆1959年版，第12—13页。

系统的各个层面，艺术作为技艺的一种方式，自然受到其指引和要求。相关美与艺术的理论中也渗透着强烈的数理特征。

与毕达哥拉斯的偏好一致，柏拉图在其思想中的纯理论数学倾向亦十分突出。在第欧根尼的记载中，柏拉图曾跟随昔兰尼的赛奥多洛（Theodorus of Cyrene）学习数学。[1] 尽管没有明确的证据证明柏拉图精通数学，他自己可能也并没有对几何学做出实质性的推进，但作为一个业余爱好者，他确实非常推崇数学，对数学的实质性提升在于将其哲学化，在提出“神总在研究几何学”的同时，他认为数学是一种能使我们洞察永恒真理的纯数学，并将自己从数学领域中关于形相的构想扩展到整个思想领域，与亚里士多德重视经验的知识传统形成对照。[2]

在柏拉图的对话集中随处可见学园中师生们对数学知识的探讨。他认为：由于数的性质导向对真理的理解，数学和几何就会迫使灵魂使用纯粹理性通向真理本身。[3]（《理想国》525E–526B）例如，在《蒂迈欧篇》中，柏拉图也曾详细讨论光学的主题，他思考

---

1. Diogenes Laërtius, *The Lives and Opinions of Eminent Philosophers,* literally translated by C. D. Yonge, Bohn’s Classical Library, London: George Bell & Sons, 1828, pp. 114－116.
2. 陈嘉映认为毕达哥拉斯—柏拉图传统重视数、数学、形式，而亚里士多德传统重视经验、生物学、有机生长，这是西方传统中两种对立的倾向。参见陈嘉映《哲学 科学 常识》，东方出版社2007年版，第167页。
3. 参见柏拉图《柏拉图全集》（第二卷），王晓朝译，人民出版社2003年版，第525—526页。

光是什么，是以何种方式产生。除论证了技艺的名称与技艺本体之差异之外，柏拉图流露出了对数学等演绎法主导的公理原则的深度崇奉，并试图沿着这条路径寻找出最稳定的宇宙、知识体系之根本。对话中，苏格拉底高度赞赏“正方形数”中长度与平方根等确定的几何学知识。[1]（《泰阿泰德篇》147B–D）在《蒂迈欧篇》中，柏拉图以数理思维来构筑他的哲学，以确切的数学理论来固定世界的结构。他笃信上帝在构成宇宙时必须运用完美的比例，因此要以五种规则的“完美立体”为基础，构建起他的宇宙论。受欧几里得的《几何原本》中的几何图形影响，柏拉图认为火、土、水、气乃至宇宙都是多面体的形状，神会运用这些图形。他认为火元素是四面体，气元素是八面体，水元素是二十面体，土元素是立方体，而十二面体是被神保留下来作为宇宙本身的形状。[2]数理的思维继续上升为一个关于宇宙之父和宇宙创造者的问题。这些数学成就的基础在公元前4世纪之前就已对整个知识界产生了普遍影响，很大程度地决定了当时的哲学思想和技艺观念，更成为彼时知识性学科的重要主体内容。

其三，数学主导下的艺术知识结构。柏拉图的目标相当高远，

---

1. 参见柏拉图《柏拉图全集》（第二卷），王晓朝译，人民出版社2003年版，第659页。
2. 参见［美］M. 克莱因《西方文化中的数学》，张祖贵译，复旦大学出版社2004年版，第33页。

上帝是几何学家

（[美]M.克莱因:《西方文化中的数学》, 张祖贵译, 复旦大学出版社2004年版, 第2页）

除了逻辑和数学之外，他并不讲授其他的专门知识，而是热衷于讲授知识的原理，教育、伦理学和政治的原理，以启智学生，引起他们对知识和智慧的爱。据考，数理性的学科知识与希腊自由民的教育紧密相关，柏拉图在数学等原理方面的课程早在公元前5世纪就已经在希腊被普遍教授。[1]同样，柏拉图创建的雅典学园也非常重视数学讨论，其门前所题“不懂几何者勿入”也暗示我们学园中关于技艺的对话很大程度上是建立在几何学思维基础上的。

事实上，柏拉图尤其强调数学在培养哲学家、政治家中的重要性，甚至恪守是数学塑造了古希腊的哲学体系，包括正义和勇气的定义。据考，雅典学园的工作主要有以下几个方面：一是统治者的训练基地，培养上层统治者并为已经获得政权的学员提供政治咨询；二是积极传授和开展哲学和自然科学研究，主要是数学知识，另有地理学、宇宙学、生物学知识。所有这些训练和研究都是围绕理念论或后期的理念数论进行的。[2]在《理想国》中，柏拉图强调好的政治家除了学习音乐、体育和工艺之外，还要学习一类数学知识，它是“各种学习都会涉及的事情”，“对所有工艺和思想的形式都是共同的，也是所有知识都要使用的，是每个人都必须首先学习

1. 参见［英］泰勒主编《从开端到柏拉图》，韩东晖等译，中国人民大学出版社2003年版，第382页。

2. 参见范明生《柏拉图哲学述评》，上海人民出版社1984年版，第25页。

的事情之一”[1]。(《国家篇》522B–C）在所有这类知识中，柏拉图强调第一重要的就是计算。

在柏拉图看来，数的性质能导向对真理的解释，但这种数的学习是要向上提升灵魂，迫使灵魂讨论纯粹的数，而不是可见的、可触摸的物体。[2]（《国家篇》525B–D)“每个人的灵魂里都有一个知识的器官或工具，通过这样（纯粹知识的）的学习可以使它纯洁和明亮，而学习那些日常事务却会使它毁坏或盲目。”[3]（《国家篇》527E）数学能激励心灵上升到最高的理性认识。在讨论获取性技艺的理论知识时，柏拉图认为其中包括“指导”和“评判”；评判的主要依据是“计算”[4]；获取性的技艺涵盖了具体社会生活的经验性知识与纯粹理论性知识，而纯粹理论性知识的批判所依据的是能提供稳定的准确结论的计算，这样就将获取技艺建筑在一个牢固的数理基础上。第二门要学习的是几何学，它的目的是获得纯粹的、关于永恒存在的知识，能把灵魂引向真理，使哲学家的心灵转向上方。(《理想国》527B–D）柏拉图甚至“改进了对数学元素的定义，并增加

1. 柏拉图:《柏拉图全集》(第二卷)，王晓朝译，人民出版社2003年版，第520页。
2. 参见柏拉图《柏拉图全集》(第二卷)，王晓朝译，人民出版社2003年版，第526页。
3. 柏拉图:《柏拉图全集》(第二卷)，王晓朝译，人民出版社2003年版，第527页。
4. 参见陈中梅《柏拉图诗学和艺术思想研究》，商务印书馆1999年版，第286页。

了这些元素的逻辑严密性”。[1]数的计算成为规范“技艺”范畴的基础性知识。第三门是天文学。此外，他还提到了和声学。可见，这种学科的设置方式并不是柏拉图的新发明，彼时以数为核心的“四艺”——算术、天文、几何、音乐已甚是盛行。

在《普罗泰戈拉篇》中，柏拉图提到埃利斯的希庇亚——一位曾与苏格拉底就美进行过对话的博学之士——教授“四艺”（quadrivium）。苏格拉底也曾师从伯利克里的老师达蒙（Damon of Athens）学习音乐、算术、几何、天文等学科知识。毕达哥拉斯学派也把几何、数学、球面几何学（spherics，即天文学），还有相当重要的音乐视为姐妹学科。不过，在柏拉图的体系中，他拓展了教育的内容，那就是幼年时期的“诗乐”和“体育”教育加上成年之后的算术、平面几何、立体几何、天文学、和声学五门教育，共同构成后世学者所称的柏拉图的“七科”教育。

在《理想国》（523B–C）中，柏拉图论述了真正的知识是算术、几何（平面几何、立体几何）、天文学、和声学。之后，几何、天文、计算和音乐等“自由艺术”作为泰阿泰德所学课程被柏拉图反复提及，这里柏拉图所推崇的更高层级的知识及学科体系与罗马及中世纪时期的自由七艺（修辞、语法、逻辑、几何、算术、音乐、

---

1. 有关柏拉图的数学贡献，参见[美]乔治·萨顿《希腊黄金时代的古代科学》，鲁旭东译，大象出版社2010年版，第537—539页。

天文学）高度重合。但要注意的是，在柏拉图的知识体系中，这几门学科并不是最高级的。他认为，在作为统治者必须要修习的课程体系中，前述学科皆非最高级的，唯有辩证法无须通过假设（几何学等学科需要有假设）而直接上升到第一原理，因此，“我们要把辩证法当做盖顶石置于一切学科之上，没有别的学科能比它更高”[1]。(《国家篇》534E）柏拉图的“七艺”与后世的“七艺”虽然有一定错位，但二者高度的一致性在于：各家各派的哲学家都注意到了以数理为基础的“四艺”的重要性。

由以上分析可知，柏拉图对美的定义中除了善与真的形而上规定外，更直接地表现为强烈的数理思维特质，美的概念在此可以区分为：第一，比例和尺度等形成的抽象形式美；第二，符合真实的，具备道德有效性的绝对美；第三，存在绝对美，它所赋予事物的程度可以使世界井然有序并拥有了显得美好的外形。但是，要注意的是，柏拉图思想中艺术与美在理论上没有直接关联，艺术作品也很少与美并置入同一话语体系内，且美也不具备现代意义上的审美语义，它指向的是道德的至善[2]和以数为代表的绝对完美。

不过，柏拉图的技艺以及技艺理论所要求的知识化的、可确定

---

1. 柏拉图：《柏拉图全集》(第二卷)，王晓朝译，人民出版社2003年版，第537页。
2. 古希腊语中的“καλόν”与拉丁语中的对应词“pulchrum”与道德上的善的关系更为密切。参见Paul Oskar Kristeller, “The Modern System of the Arts: A Study in the History of Aesthetics（Ⅰ）”, *Journal of the History of Ideas*, Vol.12, No.4（Oct.1951）, pp.496–527。

的理性几乎统摄了当时社会全部的生产层级。这样一种无处不在的技艺理论，以理性的知识面貌与艺术及其历史相勾连，渗进今日我们所熟悉的“美的艺术”体系中。绘画、雕塑、建筑等在古希腊时期均需技艺来实现各自的目的。这种技艺指向的实现目的的手段、艺术理性导向所依赖的媒介都导致后世自由艺术学科体系极度推崇数理学科。当然，这些数的规律在当时之所以被认为是重要的，端赖于它们的抽象性和形而上性，它们具备永恒性，故而可与实体保持一致。通过对数理所指向的规则与秩序的“模仿”，艺术一方面与完美、至善等哲学与伦理学的要求保持了同一方向，在后世的理论中与美学研究合为一体；另一方面能够拥有一种理论化的或言哲学的意味，这为后世的艺术研究能跨入哲学之门打开了极为重要的话语空间，而没有像木匠、裁缝、制鞋等具体手工制造生产一样在哲学话语体系中被抹除。

规则、真、神性等美的原则与柏拉图技艺概念主导下的艺术要求基本一致，这更加证实了柏拉图艺术理论中的技艺性特质，尽管这一特质在柏拉图的整个思想体系中有多重指向，涉及思想及现实的多个层面，甚至出现了互为悖反的表述，但其根本性标准是完美的规则。借由技艺这一通道，柏拉图可以实现理念的现实关怀。技艺从手工操作层面出发，不断趋向真理的知识系统这一终极目标，最终将政治、德性、哲学等精神层的、形而上内容与现实社会生产统一在同一体系之内。因此，尽管规则是一般哲学的基础，但技艺不只是抱残守缺地恪守传统或僵死的既有规则，而是在知识和理性精神的不断引导下，将经验性的实操生产置于一个不断追求更精益、更深刻、更完美的规则和秩序建构过程中。在对美和技艺的这些规定中，美与技艺合谋作用于具体的艺术活动时，艺术也应依照数、几何图形的方式，按照恰当的、固有的比例来描绘事物。

# 第六章

# 剧场政制与艺术统一论

处在西方思想史前端，柏拉图不仅是最伟大的哲学家和思想家之一，也是一位艺术理论的集大成者，其对话覆盖了绘画、雕刻、建筑、音乐、舞蹈、戏剧等全部现代“美的艺术”体系的基础内容。尽管柏拉图的艺术论说享有高知名度，但是在传统美学史或艺术史的研究中，学界关注的焦点要么是出于审美理论需求，集中在柏拉图的艺术“模仿说”、教化论和灵感论；要么是各艺术门类基于本学科艺术史的研究需要，分门别类地考察柏拉图对各自艺术特殊性的论说，对其中所涉的艺术内在统一性关注不够。20 世纪中叶后，与传统美学和门类艺术史研究都有所不同，一种基于艺术概念史的新美学研究路径开始发挥影响，先后有保罗·克利斯特勒在 1951 年至 1952 年间发表的雄文《现代艺术体系：一种美学史的研究》[1]，1975 年波兰美学家塔塔尔凯维奇完成的《西方六大美学观

1. Paul Oskar Kristeller, “The Modern System of the Arts: A Study in the History of Aesthetics ( Ⅰ )” , *Journal of the History of Ideas,* Vol. 12, No. 4 ( Oct. 1951 ) . Paul Oskar Kristeller, “The Modern System of the Arts: A Study in the History of Aesthetics ( Ⅱ )” , *Journal of the History of Ideas,* Vol. 13, No. 1 ( Jan. 1952 ) .

保罗·克利斯特勒

（Mahoney, Edward P., *Philosophy and Humanism: Renaissance Essays in Honor of Paul Oskar Kristeller*, New York: Columbia University Press, 1976）

念史》[1]，以及 2001 年美国学者拉里·席纳出版的《艺术的发明》[2]等。在长达半个世纪的思想接力中，几位理论家或多或少都以现代“艺术”体系为对象，对包括柏拉图论说在内的古希腊“技艺”概念进行过梳理。但他们均强调技艺概念包罗万象（从城邦的政治管理、农业、医药到制鞋、造船等各个方面不一而足），并不具备现代艺术的主体性特质，进而形成了一种“泛技艺”论调，一定程度上反而强化了早期艺术概念与现代艺术体系间的历史隔膜，也导致早期艺术概念及其相关理论在艺术学科史中的意义衰减乃至失效。这其中关于柏拉图的艺术分析也多没能走出传统美学史研究的旧路，特别是没能从一种整体的艺术观出发，对柏拉图的诸

---

1. 该著作初以波兰语写成，1980 年出版英译本 *A History of Six Ideas: An Essay In Aesthetics*，先后于 1999 年、2006 年由褚朔维、刘文潭译为中文。版本详情参见孙晓霞《美学与艺术学的中间道路——塔塔尔凯维奇的美学史体系再分析》,《外国美学》2018 年第 1 期。
2. Larry Shiner: *The Invention of Art: A Cultural History*, The University of Chicago Press, 2001.

门艺术的统一性论说进行细部整理，以致艺术理论的历史线索在思想源头上漫漶不清。

学界通常认为柏拉图关于艺术的论说有两大特征。一是认为他推崇理性，鄙视感性。这类观点主要来自美学史研究，即强调柏拉图将诸诗歌戏剧等与政治、道德伦理等问题捆绑在一起，举为城邦文化的一项重要内容；而同时又对各类艺术的娱乐性、模仿性等特性大加谴责，其艺术态度因此多为否定。[1] 二是论述零散、难成体系。据公元前3世纪第欧根尼·拉尔修（Diogenes Laërtius）的《名哲言行录》载，柏拉图将知识区分为三类：制造性的、实践性的和理论性的。其中，现代语义中的艺术各门类分布在不同的知识类中：建筑和造船是建造性的，制造出来的东西清楚可见；政治学和吹笛术、弹琴术，以及诸如此类的技艺是实践性的，它们造出的东西虽然不可见，却真实存在；还有一种理论性的知识指的是几何学、音乐学、天文学，它们既不做任何事情，也不生产任何事物。[2] 这样看，柏拉图还没有形成一个符合现代认知的整体艺术观，更没

1. 如克罗齐认为柏拉图出于对艺术模仿论的否定而严厉否定艺术（[意]克罗齐：《美学的历史》，王天清译，商务印书馆2015年版，第4页）；朱光潜认为柏拉图鄙视感性、肉体、情感、欲望，鄙视与实践有关的技艺，否定了模仿论中的真实性等。（朱光潜：《西方美学史》，人民文学出版社1979年版，第60—61页）

2. 参见第欧根尼·拉尔修《名哲言行录》，徐开来、溥林译，广西师范大学出版社2010年版，第167页。

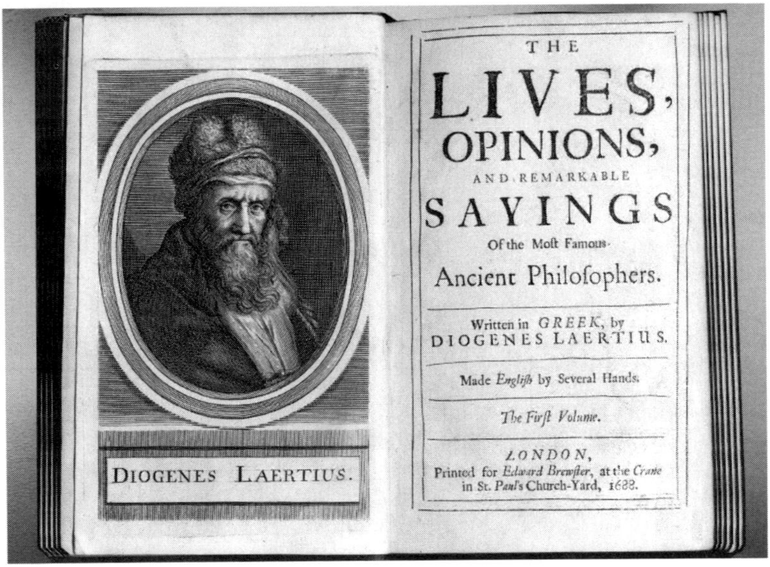


第欧根尼·拉尔修《名哲言行录》

（https://www.lecturesbureau.gr/1/diogenes-laertius/?lang=en）

有提出诸门艺术本质的内聚特质。这两个思路都忽视了柏拉图的“剧场政制”论，而这是他阐说艺术统一性问题的一个根本性话语前提。

针对上述情形，本章将尝试围绕“剧场政制”这一否定性概念的背后思想，对柏拉图对话中所呈现的艺术统一性原则和标识进行细部读解，以期从学科源头为艺术学清理出相对明晰的思想起端和理论框架。

## 一、“剧场政制”及多重艺术统一原则

“剧场政制”（theatocracy，又译为“剧场政体”“听众统治权”等[1]）出于柏拉图《法篇》（*Laws*，又译为《法律篇》《法义》等）中的“邪恶的剧场政制”（wretched theatocracy[2]）（701A）一说，意指与剧场中由听众主导的艺术法则相一致的雅典城邦的政治制度，是柏拉图极力反对的一种类剧场化的政治制度。约公元前800年，在平民和世袭贵族共同执政的政制体制下，雅典城邦形成了一个基于宗教和伦理基础上的坚实统一体。希波战争结束后的雅典人在伯利克里的带领下重建卫城。工匠竭尽全力超越材质本身和设计师的才能，创造出杰作，它们体现着对城邦、法律和众神的崇敬之情。而同时，戏剧也在以自己的方式来巩固加强统一的文化价值观。至公元前450年前后，城邦的统治权开始转移到商人、手艺人和专门职

---

1. 朱光潜译为“剧场政体”以对应“贵族政体”（Aristocracy）（朱光潜：《西方美学史》，人民文学出版社1979年版，第42页）；王晓朝译本强调的是“最优者统治权”让位给了“听众统治权”[柏拉图：《柏拉图全集》（第三卷），王晓朝译，人民出版社2003年版，第458页]；[英]戈尔德希尔、奥斯本编的《表演文化与雅典民主政制》（李向利、熊宸等译，华夏出版社2014年版）译为“剧场政制”。结合该词的上下文及本节的考察主题，此处取“剧场政制”译法。
2. 约翰·库柏英文版《柏拉图全集》译为呼应着musical meritocracy的vicious theatrocracy，见 John M. Cooper ed., *Plato Complete Works,* Hackett Publishing Company, Inc., 1997, p.1389。

业者手中[1]，而相应的戏剧演出也开始演变为一种普通观众所主导的形制，作为一个“贵族派思想家”[2]，柏拉图所忧心的正是这一新兴阶层所主导的政治制度会将民主政体堕落成乌合之众的统治，这正是他提出“剧场政制”这一概念的政治前景。

“剧场政制”对应的是柏拉图向往的“先祖政制”[3]意义上的贵族政制（aristocracy）[4]，这种贤人政制一方面与戏剧艺术一体化，一方面又高度重视由精英主导的法则，得到柏拉图的极力推崇。他坚信雅典人的政制“建筑得相当戏剧化，是一种高尚完美生活的戏剧……这是所有悲剧中最真实的一种”[5]；（《法篇》817B–C）这种戏

1. 参见[美]阿瑟·艾夫兰《西方艺术教育史》，邢莉、常宁生译，四川人民出版社2000年版，第15—17页。
2. 王宏文、宋洁人:《柏拉图研究》，山东人民出版社1991年版，第13页。
3. 王恒:《柏拉图的政体理论研究——从“最好的政体”到“次好的政体”之思想脉络追寻》，博士学位论文，西南政法大学，2007年，第94页。
4. 柏拉图在《理想国》(543A–545D)中，针对正义与好人性格所主导的贵族政体这一理想政体还提出了四种败坏的政体，分别是荣誉政体，寡头政体，民主政体及专制政体。参见柏拉图《〈理想国篇〉译注与诠释》(上)，徐学庸译注，北京时代华文书局、安徽人民出版社2013年版，第673—681页。
5. 柏拉图:《柏拉图全集》(第三卷)，王晓朝译，人民出版社2003年版，第576页。

厄庇道鲁斯剧场

（https://www.greeka.com/peloponnese/epidaurus/architecture/）

剧只有通过一部真正的法典才能产生。但是，希波战争[1]后雅典城邦的优良政体逐渐蜕化和腐败，城邦理想日益破灭，到公元前4世纪前后城邦制度开始失去魅力，人们不再关心城邦而是热衷于其他

1. 公元前449年，持续了半个世纪的希波战争结束，柏拉图出生于公元前424年或前423年，也有考证认为他出生于公元前428年，逝于公元前348年[参见王宏文、宋洁人《柏拉图研究》，山东人民出版社1991年版，第16页；徐学庸“柏拉图年表暨时代大事”，柏拉图《〈理想国篇〉译注与诠释》（上），徐学庸译注，北京时代华文书局、安徽人民出版社2013年版，第5页]；又一说柏拉图的生卒年应为公元前427年—公元前327年[参见柏拉图《柏拉图全集》（第一卷），王晓朝译，人民出版社2002年版，中译者导言]。

事情，这一点表现在戏剧中就是戏剧避开了重大和普遍的主题，转而表现凡常人物，这一变化始于公元前5世纪的最后20年间[1]，因此，贤人政体向民主“剧场政制”的沦落是柏拉图始终面临的一个日渐加重的危机。以戏剧与政治的错综复杂的关系为前提，柏拉图要求各类艺术都首先应契合城邦的理想政治模式。

第一，艺术有其独特的政治定位。作为一类综合性艺术，戏剧囊括了音乐、舞蹈、史诗等诸种事象，也关涉到绘画等视觉艺术，更重要的是戏剧本身在古希腊时期就是一种政治学意义上的传播载体。艾瑞克·哈洛克提醒世人，希腊当世的贵族，无论老少，都还没有养成通过阅读来获取知识和信息，或者娱乐消遣的习惯，人们不是通过坐在桌前阅读史书来了解历史和社会知识，统治者也不是通过广播电视等来传播信息和思想，悲剧、史诗在当时的城邦和社会中承担着知识传播、道德伦理教化、政治管理等诸多功能。[2]公元前500年雅典城邦设立狄俄尼索斯（Dionysia）戏剧节，这个事件本身就与雅典的民主制度所提出的“平等参政权”密不可分[3]，而

---

1. 参见[英]H.D.F.基托《希腊人》，徐卫翔、黄韬译，世纪出版集团、上海人民出版社2006年版，第151—153页。
2. Eric A. Havelock, *Preface to Plato*, Cambridge, Massachusetts and London: The Belknap Press of Harvard University Press, 1963, pp. 37–38.
3. 参见刘小枫《巫阳招魂——亚里士多德〈诗术〉绎读》，生活·读书·新知三联书店2019年版，第189页。

向观众发放“看戏津贴”（theōrikon）就是确保贫穷的公民也不被排除在剧场外。[1]

同时，通过语义分析可知，雅典人的戏剧与政制形态、民族参与、政治表达等交缠在一起，被赋予十分重要的政治功能和定位。戈尔德希尔区分了能关涉“表演”的四个词：agōn、epideixis、schēma、theōria。他指出四个词在古希腊语中所分别代表的不同含义：agōn 更多代表竞争，epideixis 更多是展示，schēma 多指向身体姿态，而 theōria 是指观看。[2] 四者之间的复杂性关联显示出雅典民主制的公共话语的表达和构造方式，戏剧演出在一定程度上承载着城邦秩序与公民德性规范以及知识传播等多重功能。因而雅典的戏剧尤其是悲剧不仅成为雅典人最伟大的艺术成就，而且常通过在剧中含蓄表达民主制倾向极大地“宣传”推动他们的民主和民主政制事业。[3] 在这一语境下，正义性的戏剧才是城邦公民体验自身灵魂中的秩序与典范。在悲剧家埃斯库罗斯看来，社会秩序与灵魂秩序的建构是相通的，灵魂秩序是社会秩序的源泉，戏剧是灵魂与

---

1. 参见［英］塔普林《借表演传播价值》，见［英］戈尔德希尔、奥斯本编《表演文化与雅典民主政制》，李向利、熊宸等译，华夏出版社 2014 年版，第 66 页。
2. 参见［英］戈尔德希尔、奥斯本编《表演文化与雅典民主政制》，李向利、熊宸等译，华夏出版社 2014 年版，导言，第 2—10 页。
3. 参见［英］塔普林《借表演传播价值》，见［英］戈尔德希尔、奥斯本编《表演文化与雅典民主政制》，李向利、熊宸等译，华夏出版社 2014 年版，第 65—66 页。

社会在激情与秩序方面的矛盾汇合点。埃斯库罗斯的劝说（peitho）问题是“将正当秩序劝导性地强加在难以控制的激情之上”，埃里克·沃格林就此指出：埃斯库罗斯意义上的悲剧成为政治正义的宗教仪式。[1]基于这种政治戏剧高度一体化的普遍认识，柏拉图认为好的悲剧可以控制秩序与激情之间的紧张，引导城邦走出混乱。从城邦政治的建构而言，柏拉图作为这类戏剧的直接参与人，笃信自己所处城邦的政治制度应该是一种高尚完美生活的戏剧化，是所有悲剧中最真实的一种。“我们也是同样类型的人，是参加竞赛的艺术家和演员”；“我们知道如何创作最优秀的悲剧”。[2]（《法篇》817B）雅典人就是一切戏剧中最优秀的艺术家和演员，等等。柏拉图崇奉戏剧的政治功能论是充分必要且合乎逻辑的。

在《法篇》中，柏拉图发现自己时代“缪斯的贵族政制”（musical meritocracy）正被一危险统治的制度——“邪恶的剧场政制”[3]（《法篇》701A）取代，导致了艺术与政治的双重沉沦。他发现，古代缪斯的贵族政制中的音乐、诗歌、戏剧等都听命于一个真

---

1. 参见［美］埃里克·沃格林《秩序与历史（卷三）：柏拉图与亚里士多德》，刘曙辉译，译林出版社2014年版，第61页。
2. 柏拉图：《柏拉图全集》（第三卷），王晓朝译，人民出版社2003年版，第576页。
3. 在约翰·库柏的英文版中，此处分别译为“musical meritocracy”和“vicious theatrocracy”（参见 John M. Cooper ed., *Plato Complete Works,* Hackett Publishing Company, Inc., 1997, p.1389.）；而王晓朝译本强调的是“最优者统治权”让位给了“听众统治权”［参见柏拉图《柏拉图全集》（第三卷），王晓朝译，人民出版社2003年版，第458页］。

正的判决者，他不仅智慧，而且是善和勇敢的，他的任务是教育听众，反对以谄媚的、不恰当的方式给观众提供快乐，但现如今“邪恶的剧场政制”任由大多数听众投票决定高下，这种做法既腐蚀了诗人，也腐蚀了听众。(《法篇》649B–C）剧场中的民众仅凭借他们的喜好对戏剧进行评判、操控和统治，反映在政治中，“人民获得了过多的自由，逐渐变得不受法律的控制，相反，法律却为了迎合人们的口味而制定和修改”[1]。为此，柏拉图埋怨外乡诗人破坏了那种安静聆听表演的戏剧规则，“他们是天才，但对缪斯领域中的正确与合法却一无所知”，诗人们用无限的想象力和追求快乐的欲望，把哀歌与颂歌、阿波罗颂歌、酒神颂歌拼凑一起，他们伪装成法官，鼓励听众蔑视音乐法。此类艺术绝不会具备正义与节制等理性特点，反而会腐蚀青年人的灵魂，因此要接受城邦执法者的检查，这就是我们所熟知的柏拉图观点，无须再多展开。

国内学者王宏文、宋洁人提醒我们应注意柏拉图家庭背景与当时民主政体之间的微妙关系，这是中外学者历来所争执的未解之谜[2]；他们认为柏拉图对民主的态度是复杂的，是随着不同的境遇而时有反复的，柏拉图后期对民主政制的反对和“哲学王治国”的设

---

1. 王恒:《柏拉图的政体理论研究——从“最好的政体”到“次好的政体”之思想脉络追寻》，博士学位论文，西南政法大学，2007年，第94页。
2. 参见王宏文、宋洁人《柏拉图研究》，山东人民出版社1991年版，第13—14页。

想都是出于解决政治危机的诸种尝试。[1] 雅克·朗西埃则从美学的视角指出，柏拉图挞伐戏剧其实也同时拒斥了民主，因其目的是"构筑一个伦理共同体，一个没有政治的共同体"，那么艺术与政治的同步就表现为，对戏剧的排斥在一定意义上也是对真正意义上的平民化的民主制度的弃绝。[2] 艺术中的理想和现实对应的是柏拉图对精英贤人政体的理想渴求和对"剧场政制"中平民民主的现实失落。这是柏拉图对戏剧既高度期待又大加责罚的缘由。

第二，柏拉图对艺术有高度的哲学性期待。希腊戏剧不仅是城邦政治的一部分，也是判别哲学家真伪的一项标准。希腊语中，戏剧的观者与哲学家有语义上的互通。"观看"一词 theōria 本身就有四重含义：一是观看、观赏、思考、思索等义；二是观礼员的派遣及观礼职务；三是理论；四是被看到的场景。[3] 其中可知，在第一重含义中，观看与思考、思索等含义被叠置在同一语义下。此外，在希腊语中与 θεωρος（theoros）同词根的还有 θεωρεω 一词，它既有看、检阅、观看之义；又有默察、思考、考虑等义；而 θεωρημα 一词则是指能思考的、理论上的。[4] 在相关文献中，我们也发现早

---

1. 参见王宏文、宋洁人《柏拉图研究》，山东人民出版社1991年版，第29—31页。
2. 参见［法］雅克·朗西埃《美学中的不满》，蓝江、李三达译，南京大学出版社2019年版，第27页。
3. 参见罗念生、水建馥编《古希腊语汉语词典》，商务印书馆2004年版，第386页。
4. 参见罗念生、水建馥编《古希腊语汉语词典》，商务印书馆2004年版，第386页。

期的哲学家被定位为一个特殊类型的观者“theōros”，它在苏格拉底眼中是有无穷好奇心且“嗜好各种知识的”[1]，而对话中的格劳孔（Glaucon）也确实主张剧院观众与哲学家（theōros）的相似性。因此，柏拉图以真理为标准区别出哲学性的观者只不过是当时社会普遍思想的一个话语出口。

在柏拉图的对话中多次出现关于戏剧观者与哲学家身份联系的论说，强调的是 philotheamon 和 philosophos 之间泾渭分明。前者为了找乐子而忙于尾随各种艺术表演，他们以美妙的声音、色彩和姿态为乐，后者才是天生的热爱观看真理者[2]，二者同为观者，修为和品位却有云泥之别。在《法篇》(659A–C) 中，柏拉图更要求真正优秀的音乐是使最优秀的、在善与教育方面都非常卓越的人感到快乐的，因此对音乐的判决者不是向听众学习，而是要教育听众，公共娱乐应该是提高大众品格的手段。[3]

由此可知，聚集多种门类艺术的戏剧一方面在某种意义上形成了一种体制性框架，每位公民都能够去剧场看戏，这是每位公民

---

1. 转引自托马斯 · 克里斯坦森编《剑桥西方音乐理论发展史》，任达敏译，上海音乐出版社 2011 年版，第 2 页。
2. 参见[英]戈尔德希尔、奥斯本编《表演文化与雅典民主政制》，李向利、熊宸等译，华夏出版社 2014 年版，导言，第 15—24 页。
3. 参见柏拉图《柏拉图全集》(第三卷)，王晓朝译，人民出版社 2003 年版，第 406—407 页。

的权利和义务，也是公民参与政治的一种形式；另一方面，theōros（θεωρος）是观众，其动词形式 theōrein 虽然是观看[1]，但要包含理性思考的能力，这又使得戏剧的语义范围超越“观看”的纯粹行为，指向了对观众的哲学性要求，观看行为本身被裹挟在一种理性认识世界的方式之中。因此，在剧场看戏就类似于公民大会上的政治参与，观看是一种积极的政治行为；同时通过戏剧中的观看行为，引导公民进行严肃理性的哲思，观看又具有了对世界进行理智思考的行为意义。如此一来，古希腊戏剧中观看行为背后既矗立着民主制的政治主体[2]，又支持着一种哲学家标准的理性主体要求。

第三，艺术要求有知识定位。古希腊的戏剧传播功能还衍射到知识性领域。戏剧中既有我们现代艺术体系所涵盖的戏剧、音乐、舞蹈、视觉（光学学科）艺术的知识，又有修辞、演讲、竞技、宗教仪式等文化性内容，背后还交织穿透着日常生活、语言的社会功能和政治主体及理性公民等多重视角。柏拉图则要求城邦内的自由人将戏剧内化为生活的一部分，而严肃节制的理性公民就要学习这种庄严、优雅的舞蹈和戏剧表演，接受一种得体的视觉艺术。同时，他们还要学习三门课程——算术、几何及天文学。学习这么多

1. 观众和观看，这两个词在当时是对参与运动会或宗教节日的标准用法。

2. 参见［英］戈尔德希尔、奥斯本编《表演文化与雅典民主政制》，李向利、熊宸等译，华夏出版社2014年版，导言，第7—9页。

的课程对大众而言并非易事，由于戏剧与政治、哲学都存在一种必然性和公度性，它们也成为城邦中作为完美的自由人所不可或缺的必修知识项，因而在“国家公民”[1]塑造方面还承载着理性知识教授的重要功能。

事实上，柏拉图对艺术类的知识颇为重视，这得益于当时社会中对技艺的普遍态度。陈中梅认为，在希腊人眼里，技艺常常是令人敬仰的，因为它展现人性中光明的一面，显示人的知识水平，反映人的理性思考能力。[2]而在吉尔伯特看来，古希腊时期的智者们就已经着手铸造一种关于艺术作品性质的理论。“手艺（the craft）大大受实践和传统制约的操作技能，被提高到‘艺术’的水平，被提高到有系统、可以传授的程序的水平”[3]，这种理论发展到苏格拉底时，“直接利用了视艺术为理性活动的一般图式这样一种观点”[4]。柏拉图认为，尽管在灵感面前，理性的作用经常是有限的，但在缺乏知识背景的“恭维”——“伪艺术”面前，理性具有不可战胜的威力。柏拉图对理性技艺的重视程度或许超出了人们的想象。理性

---

1. 此处国家公民的用法出自车尔尼雪夫斯基。参见朱光潜《西方美学史》，人民文学出版社1979年版，第62页。
2. 参见陈中梅《柏拉图诗学和艺术思想研究》，商务印书馆1999年版，第211页。
3. [美]凯·埃·吉尔伯特、[联邦德国]赫·库恩:《美学史》，夏乾丰译，上海译文出版社1989年版，第21页。
4. [美]凯·埃·吉尔伯特、[联邦德国]赫·库恩:《美学史》，夏乾丰译，上海译文出版社1989年版，第25页。

思考的威力来自严密的逻辑推理、雄厚的知识基础、开明和正确的道德观念，技艺正是经验的理性升华，在中后期对话中，“柏拉图更强调纯粹理解在知识概念中的核心位置，这使得实践性甚至手工操作性意味很强的专家知识 / 技艺（ technē ）概念的地位降低，而作为对本质或理念的洞见的纯粹理解（ epistēmē ）取而代之成了知识概念的基本内涵”[1]。对技艺的利用或使用水平直接表现城邦的文明水准，展示公民的身体素质和艺术修养，但同时，对纯粹理性知识的追逐才是技艺的更高目的。这也正是柏拉图面对“剧场政制”现状时对各类艺术的理想设定。

那么艺术到底属于一类什么样的专门知识？柏拉图似乎有些犹豫不决。柏拉图常将艺术类的技艺与治国术等“高级的”技艺进行比较。例如《理想国》中的建筑着色、《法篇》中的悲剧创作及绘画等皆与其关于政治技艺的论述相关联。在讨论政治家的技艺(《政治家篇》) 时，小苏格拉底和客人在推论政治家和僭主的政治技艺之区别后，客人也用了雕塑和绘画的完整度来类比政治技艺的定义。

> 我们的定义似乎也像一幅图画，尽管已经有了轮廓，但很好地体现原本，还有待于进一步恰当地着色，保持色彩间的平衡。

1. 詹文杰:《论柏拉图早期对话录中的“专家知识”概念》,《哲学研究》2016年第7期。

> 然而请记住，一个用词语表达的定义对一个生灵做出的描述比一幅绘画或任何模型更好——所谓更好的描述，我指的是对那些能够追随这种定义的人而言，而对那些不能追随这种定义的人来说，模型或可见的例证就已经足够了。[1]

这说明柏拉图承认绘画对于事物的描摹刻画功能，生产制造的是一种模型性的形象，这种形象的生产具有一定的普遍性，而非纯粹制鞋、纺织、造船等实用类的特殊生产，绘画等这类技艺虽然能产生模型或例证，但它们不如语言表达的定义更为真实准确。这种态度在比厄斯利看来，体现出柏拉图对绘画、戏剧、音乐及建筑上的装饰等多种技艺的共有困惑，“因为它们的存在理由不那么显而易见”[2]。在柏拉图对雅典“路人”将纯器乐与词分开的演奏进行评价时，进一步突出了艺术家所拥有的三类知识：“第一，关于原初物本性的知识，第二，对复制的正确性的知识；以及第三，对复制

1. 柏拉图:《柏拉图全集》(第三卷)，王晓朝译，人民出版社2003年版，第118页。
2. [美]门罗 · C. 比厄斯利:《美学史：从古希腊到当代》，高建平译，高等教育出版社2018年版，第41页。

完成的优秀的知识。”[1]（*Laws* 669A–B）在复制类的技艺中，由优秀的知识所支撑的“艺术”从总方向上追求“抽象”，注重事物的本质，避开瞬息的部分而寻求永恒的部分，力求舍弃非本质的属性而强调本质，表现事物可能或是应该出现的现象。艺术由此可帮助人们从现实世界通向理想世界。

第四，艺术还作为娱乐和真实的幻影。门类艺术在柏拉图思想中属还未经过哲学纯化的知识，但它们有一种从经验层面趋向系统知识的内在逻辑，其前提就是要遵循法则、尺度等理性要求，以满足其政治、伦理层面的至善要求和知识层面的至真要求。但从实践的表层，艺术依旧被归结为一种娱乐功能。《智者篇》中，柏拉图

---

1. 转引自［美］门罗 · C. 比厄斯利《美学史：从古希腊到当代》，高建平译，高等教育出版社2018年版，第62—63页。比厄斯利此处所摘引原文出自R.G. 伯里的英译本，（Plato, *Laws*, trans. by R.G.Bury, 2 vols. Loeb Library, London, 1925）原英译本如下："first, a knowledge of the nature of the original; next, a knowledge of the correctness of the copy; and thirdly, a knowledge of the excellence with which the copy is executed."（669A–B）而在王晓朝译本中，这一段被译为："一个人作为任何象征（无论是绘画、音乐，还是其他艺术部门）的有理性的判断必须具备下列三种素质：首先，他必须理解象征物的象征意义；其次，象征物如何象征才是正确的；第三，也是最后一点，如何用语言、旋律或节奏很好地进行象征。"［《法篇》669A–B，载柏拉图《柏拉图全集》（第三卷），王晓朝译，人民出版社2003年版，第420页］翻译中的意义流转所造成的译本差异体现出柏拉图思想的复杂多义性，鉴于伯里关于艺术知识层级的排布更为明晰，故此处专做引用。

对技艺的分类逐渐体系化[1]，他赋予艺术活动一种精神化的定位，落脚于教化与娱乐两个功能来思考各门艺术，形成了整一的艺术观。柏拉图将后世所指认的“美的艺术”作为一个整体系统来思考，认为它们都是灵魂的“粮食”。[2]（《智者篇》224B）在《政治家篇》中，柏拉图又列举人所拥有的各类事物，分别是初加工的原材料、工具、器皿、运输器、防护物、娱乐品、滋养物。其中视觉艺术（装饰、绘画、造型的艺术）、听觉艺术（诗歌和音乐）等所有生产艺术形象的技艺都被统一归为“娱乐品”。在柏拉图眼中，“所有这些技艺生产出来的东西都只是为了提供快乐，全都可以恰当地归为一类”，“它们都不具有严肃的目的，而仅供人们玩赏”。[3]（《政治家篇》288C–D）以娱乐为标线，柏拉图将几乎所有“美的艺术”门类划为一类。

但柏拉图并不满足于这种浅层的认识和判断，他为诸艺术在哲学体系中设置了统一的起源。柏拉图认定音乐、绘画等类技艺的最开端是从由火水土气等自然存在的、无灵魂的、绝对的动因而产生的，但是这些产生“幻影”的技艺产品是没有什么价值的事物，它只是从自然中接过已经构成的全部原始作品，然后铸造和形成

---

1. 参见孙晓霞《柏拉图技艺理论的本质、内核、分类及艺术学启示》,《艺术百家》2020年第4期。
2. 参见柏拉图《柏拉图全集》(第三卷)，王晓朝译，人民出版社2003年版，第13页。
3. 柏拉图:《柏拉图全集》(第三卷)，王晓朝译，人民出版社2003年版，第136—137页。

无价值的东西。“技艺的开端始于用一些真实的物体来制造某些玩具，技艺的产物就像技艺本身一样是一些幻影，这就是绘画、音乐以及其他一些类似技艺的作品。”[1]从真实性来看，柏拉图对于艺术的态度确实暧昧，既希望艺术具有教化的价值，又十分嫌弃它的虚幻性。技艺能产生对自然有价值的事物，但技艺自身是个“幻影”，绘画、音乐等艺术甚至立法等这些玩意连同技艺自身都是虚幻不真实的。而且艺术的技艺也不如医疗、农业等有价值；相比之下，政治家的技艺则是一种纯粹的、不产生具体物的技艺，其纯粹性让它成为最高等级的技艺。[2]如此一来，绘画、音乐等知识始于真实，但其作为人工产物又与其作为一种虚幻的技艺一起，被推到了真实和自然的对面。

虽然对艺术同一的娱乐性质持否定态度，但柏拉图从技艺的源头将诸艺术界定为起源于真实的一种“幻影”，从而从哲学层面肯定了艺术的知识的专门性、特殊性：雕塑、绘画、音乐和诗歌等再

---

1. [波]沃拉德斯拉维 · 塔塔科维兹:《古代美学》，杨力、耿幼壮等译，中国社会科学出版社1990年版，第178页。
2. 柏拉图认为，政治统治术是一门与生灵有关的高贵的技艺，这门技艺的具体体现是修辞学。希腊时期的政治活动，用讲故事的方式而不是用发布指示的方式说服民众，这门技艺归属于修辞学的领地；而能教导如何做决定的技艺就是控制修辞学和演讲术的技艺，这种活动只能是哲学家的，这些内容又将政治的技艺扩展到了教育中的“自由艺术”。参见[美]爱德华 · 夏帕《普罗塔戈拉与逻各斯：希腊哲学与修辞研究》，卓新贤译，吉林出版集团有限责任公司2014年版，第51—53页。

现性艺术及建筑等并不等同于纯粹手工操作的技艺，它们都和单纯的制作性技艺有所不同。这类“虚幻”技艺的价值何在“也就成为关心生活中最高尚的事物的人们的一个难题”[1]。但可以肯定的是，艺术这类知识既具有连接实用性的价值论元素，又自觉地趋向形而上的普遍性知识。精神性的特殊知识的定位在柏拉图的艺术理想和现实间起着极为重要的承转与过渡作用。

## 二、理想与现实之间：柏拉图各门类艺术的相关论断

基于对“剧场政制”的否定心理和立场，柏拉图将戏剧作为一个复杂对象，对其下的诗歌[2]、音乐、舞蹈及视觉艺术等提出了多个共有标准：理想的政治制度和完美道德理性，以及对知识性真理的追求，同时也注意到艺术的娱乐、幻影等精神性的特性。这些原则或标识在柏拉图关于各门艺术的具体阐述中起着决定性作用，从而将这种基于贵族政制、哲思与智识要求的艺术定位贯穿在门类艺术的理论构成中。

首先，音乐及舞蹈中要求有政治、伦理与理性知识等多重规

---

1. [英]鲍桑葵:《美学史》，张今译，商务印书馆1985年版，第73页。
2. 笔者认同诗歌作为一门艺术在古代艺术体系中的核心地位，但由于对柏拉图诗歌艺术的研究历来受学界重视，研究成果颇丰，且其在现代艺术体系内的定位并不十分清晰，故此处暂不作展开。

约。因与语言、舞蹈等实践性内容融为一体，古希腊时期的音乐是表演类艺术的重要呈现方式之一，但其学理含义并非今天我们所说的表演性质的音乐这种单一维度，而存在着多种形态，我们需要区分三种不同的音乐认知路径：从词源学角度看，“音乐”最初是指希腊神话中缪斯神[1]的工作；从理论研究的角度看，“音乐”一词主要指对音阶结构和乐音体系的研究，是一种声学研究；从实践角度看，音乐包含着一切使用语言和舞蹈的活动。[2]

柏拉图实际上是基于这样一种缪斯神的角度来看待音乐、舞蹈、诗歌三类艺术的。三门艺术联结一体的前提是节奏（rythmós）与和谐（harmonia）。陈中梅认为，在柏拉图时代，人们意识到的是音符按照规则排列起来形成节奏和音程，体现出的是秩序，这是一切美好事物必须具备的条件。有规律的节奏与和谐的音调互为依存，共同成为塑造健康心灵的必要手段。[3]因此，柏拉图从缪斯神的传统中形成的音乐、舞蹈、诗歌的功能论说，本质上皆是基于一种道德原则和倾向的。

作为一种声学研究，关于音乐的知识在古希腊时期和数学理性

1. 九大缪斯艺术并不包含视觉艺术。

2. 参见［英］斯帕朔特《音乐美学》，章枚译，载中国艺术研究院外国文艺研究所《世界艺术与美学》编辑委员会编《世界艺术与美学》第八辑，文化艺术出版社1987年版，第140—147页。

3. 参见陈中梅《柏拉图诗学和艺术思想研究》，商务印书馆1999年版，第266—267页。

直接有关，因此成为自由民教育中的一门重要“技艺”。最早提出的系统音乐理论来自公元前6世纪的哲学家毕达哥拉斯。毕达哥拉斯注意到了音乐的分音关系，音乐能体现数学比率原理，音乐“是从中发现而不是假设出这些比率的唯一领域”[1]，且这种比率以某种方式顺应自然。音乐中发现的比率被应用到天文学中，用以探索行星间的距离，形成了天体和声学的概念。此外，音乐的比率还用来比拟物体构成的成分、善人的心灵及一切与宇宙法则有关的事物。更关键之处在于它所形成的以数为基础的“抽象”的关系学体系，对后世的音乐，以及整个艺术理论及思想都产生了巨大的影响。毕达哥拉斯的追随者数学家阿契塔（Archytas）相信“音调是由一些必定通过数的比例彼此关联起来的部分组成的”[2]。这也导致了声学科学的萌发。

柏拉图深受毕达哥拉斯影响，将学习七弦琴和音韵与天文学等知识并置。在《泰阿泰德篇》中，柏拉图将天文、计算、音乐三门技艺归为自由艺术[3]，音乐成为城邦自由人必修的科目，同时他强调

1.［英］斯帕朔特:《音乐美学》，章枚译，载中国艺术研究院外国文艺研究所《世界艺术与美学》编辑委员会编《世界艺术与美学》第八辑，文化艺术出版社1987年版，第141页。

2.［美］凯·埃·吉尔伯特、［联邦德国］赫·库恩:《美学史》，夏乾丰译，上海译文出版社1989年版，第18页。

3. 参见柏拉图《柏拉图全集》（第二卷），王晓朝译，人民出版社2003年版，第655页。

音乐活动中技艺性知识的重要性："掌握音调能否混合的技艺就是音乐家。"[1]（《智者篇》253B）这种音调混合的学说在当时的指向是已经作为一门课程，没有掌握这些技艺的是"伪艺术"。这是柏拉图基于技艺概念的音乐学定位。

不过与毕达哥拉斯等人对音乐的理论化抽象解读不同，柏拉图更多从政治实践出发，关注音乐的活动，因而更注重音乐调式在道德伦理层面的功能价值。在《理想国》中，柏拉图反对混合的吕底亚调式、高音的吕底亚调式和伊奥尼亚调式，因它们表达了哀婉和悲伤，是靡靡之音；相反，多利亚调式和弗里几亚调式由于适合于勇敢者和从事和平工作的人在勇猛、节制时发出的言行，故而应被保留下来。这是因为"美好的节奏与和谐的音调与节制与美好的气质相关联"。因此，需要一些艺人"凭着优良的天赋"[2]，"他们能够追随真正的美和善的踪迹，使我们的年轻人也能循此道路前进……从童年起就与美好的理智融合为一"，但是，"音乐的花样翻新可能带来的危险是无法预测的"。[3]这里的美是与善相一致的绝对美。在

---

1. 柏拉图:《柏拉图全集》(第三卷)，王晓朝译，人民出版社2003年版，第59页。
2. 在《国家篇》(455B)部分，柏拉图讨论了一个人有没有做某件事的天赋的依据：学起来容易与否？能否明了事理、举一反三？是不是身体能充分为心灵服务？因此，这里的"天赋"并不是谈论诗歌时提到的"灵感"，而更多是关于身体与心灵保持的和谐一致性。柏拉图:《柏拉图全集》(第二卷)，王晓朝译，人民出版社2003年版，第436页。
3. 柏拉图:《柏拉图全集》(第二卷)，王晓朝译，人民出版社2003年版，第365、368页。

这一点上，柏拉图超越了毕达哥拉斯的纯粹声学理论，以和谐、节制、完美等技艺性知识标准，将音乐调式与社会实践关联起来，这正是柏拉图对于音乐社会功能的推进。

同时，柏拉图的音乐社会功能中大量渗透着音乐的数理基础。《格罗夫音乐与音乐家辞典》分析了柏拉图在不同调式的个性类型和行为模式之间进行的对比，解读了柏拉图《理想国》中所假设的音乐与道德的因果关系：由于一个人的特定类型的特殊精神特征，会在相应的思想形式中寻得其表达方式，这些方式又以诗的语言形式予以表达，而这种有条理的语言又以相称的旋律和节奏作为陪伴，因此，音乐会成为人在精神道德层面的表现途径。“音乐的魅力就同一个有吸引力的人物所发出的娓娓动听的语言的魅力完全一样，唯一不同的是音乐一遍又一遍地都富于表情，而作为一个人的美德就可能要求他不动声色地沉默寡言。”[1] 因此，作为一种音乐表现手法，绅士们用高雅的弹拨乐器为自己伴奏，而把吹奏乐器或华丽雄壮的乐曲留给出身低微的职业演奏人员去演奏。音乐的表现

1. [英]斯帕朔特：《音乐美学》，章枚译，载中国艺术研究院外国文艺研究所《世界艺术与美学》编辑委员会编《世界艺术与美学》第八辑，文化艺术出版社1987年版，第142页。

力是要表现精神气质，表达有诗意的原词的表现力。[1]可以说，柏拉图继承了音乐理论先贤达蒙的“精神气质”理论，使得音乐这个学科能暂时摆脱毕达哥拉斯传统的纯粹数理的抽象形象，进入到一种与思想和精神特性相关联的道德相关联的内容[2]；而其前提条件是从技艺角度实现和谐、符合秩序。

当然，除了从道德伦理层面对音乐调式进行规定，柏拉图对具体的音乐本体也有过论述。在《名哲言行录》中，第欧根尼记录了柏拉图对三种音乐的区分：第一种仅通过嘴巴唱出的音乐；第二种用手和嘴一起合奏的音乐；第三种仅仅用手演奏的器乐音乐。另外，柏拉图还对乐器的制作方式进行了精细分类，他将乐器的制作“技艺”分为三种：第一种是矿石开采和木头切割等准备性的技艺；第二种是制作金属和木工的手艺，它们让金属手臂从铁中生成，笛子和七弦琴从木头中生成；第三种是应用工具的技艺，像使用笛子和七弦琴。[3]这些分类法相对具体，尤其对于乐器制作技艺的分类，

---

1. 参见［英］斯帕朔特《音乐美学》，章枚译，载中国艺术研究院外国文艺研究所《世界艺术与美学》编辑委员会编《世界艺术与美学》第八辑，文化艺术出版社1987年版，第142页。
2. 参见［英］斯帕朔特《音乐美学》，章枚译，载中国艺术研究院外国文艺研究所《世界艺术与美学》编辑委员会编《世界艺术与美学》第八辑，文化艺术出版社1987年版，第142页。
3. Diogenes Laërtius, *The Lives and Opinions of Eminent Philosophers,* literally translated by C. D. Yonge, Bohn's Classical Library, London: George Bell & Sons, 1828, pp. 143－144.

让关于音乐的学科知识进一步从纯粹理论、精神道德层面扩展到发声形式及具体的制作乐器等专业知识中来。

柏拉图并没有在我们所熟悉的专业舞蹈的意义上来论说其艺术性，而是强调舞蹈是以政治伦理为目标的一种身体法度。在希腊传统中，舞蹈与音乐都属于戏剧诗或抒情诗的一部分。[1]不过，从舞蹈对全身运动的意义来看，柏拉图强调了舞蹈的本质是借助身体的姿态和姿势表达意思。(《法篇》816A）舞蹈这种身体的运动不同于手工技艺的制造，是对于身体本身的塑造，培养完美身体和完美灵魂是相关的、同步的。但是对于舞蹈，他认为也要进行区分：一种是庄严的，用适宜的形体动作来表达某种意思的；另一种是荒唐的，用不适宜的形体动作来表现。戏剧和严肃戏剧中的舞蹈又进一步区分为战争和和平舞蹈两种，这两种舞蹈分别关联着勇敢、坚韧的灵魂和有节制、内敛的灵魂，因此，战争舞蹈的正确姿势是要直立稳定，代表了良好的身体和心灵，四肢基本上要保持笔直；而和平舞蹈的要求是优雅，通过舞蹈使人成为遵守法律的人。在这样的要求下，立法者和执法官就要给每种献祭庆典规定恰当的尺度，让整个程序神圣化，其中的舞蹈和歌唱都不需要新花样。(《法篇》814D–816E）但是，对于那些艺人丑陋的身体和灵魂的表演，以及

1. Paul Oskar Kristeller, "The Modern System of the Arts: A Study in the History of Aesthetics ( I )" , *Journal of the History of Ideas* , Vol.12, No.4( Oct. 1951 ) , pp.496–527.

其中的荒唐、滑稽、粗俗的表演所带来的讽刺效果等喜剧，是活动性的娱乐，则应留给外国人或奴隶来表演，“任何自由人，无论男女，都不要去学习这种表演”。(《法篇》817A）舞蹈中的身体动作标准同样是在城邦政制的层面来设立的。

其次，绘画及建筑都是绘制专业，它们都具有认识论功能。通常学界关注较多的是绘画的模仿之模仿特性，而艺术是一种源自真实的“幻影”，这一论断同样在柏拉图关于绘画、建筑等艺术的论说中产生不容小觑的影响力，集中体现在柏拉图对戏剧舞台布景画的批判中。塔塔尔凯维奇发现，希腊人从公元前5世纪开始在戏剧演出中设置绘制好的场景，由此出现了远距离观看绘画景观的需求，因而会形成一种类似“印象派”画法。这种“印象派”式的绘画被称作“舞台戏剧性的、布景的”(scenic）或“布景透视画”(scenography)。但“正是布景透视画激起了柏拉图的抗议，他恪守毕达哥拉斯传统，作为一个坚定的宇宙美拥趸，他将艺术家试图改变这种美或去寻求其他的美的任何做法都看作是疯狂愚蠢的”[1]。柏拉图反对那些制作巨大尺寸的雕塑家或画家造出或画出的事物，因这类物品虽然与真实事物有相同的名称，但利用视觉距离抛弃真

1. Wladyslaw Tatarkiewicz, “Two Philosophies and Classical Art”, *The Journal of Aesthetics and Art Criticism*, Vol. 22, No. 1 (Autumn 1963), pp. 3–8.

相、制造幻影、欺骗心灵，目的只为显得美丽。[1]（《智者篇》234B、236A）这是柏拉图在一种"剧场政制"语境下反对绘画艺术的一个重要表现。

但需注意的是，柏拉图并不只一味对此进行批判。艺术家绘制戏剧场景虽然不符合真实的比例或规则，但有其特殊的专业知识原理，这在当时已颇受思想界的认同。例如，自然主义的哲学派就致力于深入细致地研究这个问题，探究导致被观事物的外形多变的光学原理。[2]柏拉图对此并非无动于衷，他提出了相对理性的论断。苏格拉底在同画家帕拉西奥、雕塑家克雷同及工匠等人的对话中，曾要求艺术要通过"形式"来表达内心活动；他们讨论了如何描绘和表现完善的美和内心情感性内容等技艺[3]，即艺术是一种"表现性技艺"。而柏拉图认为，尽管绘画、雕刻、建筑等视觉艺术具有这种表现情感的统一性，但从技艺知识的分类特征出发，绘画和建筑等门类都属于一种较为独特的"绘制事物"类的知识，区分于制鞋、烹调等类技艺的知识。在《普罗泰戈拉篇》中，柏拉图写道：智者"是一个拥有知识的人，他的知识与智慧的事情有关。画家和

---

1. 参见柏拉图《柏拉图全集》（第三卷），王晓朝译，人民出版社2003年版，第28页。
2. Wladyslaw Tatarkiewicz, "Two Philosophies and Classical Art", *The Journal of Aesthetics and Art Criticism*, Vol. 22, No. 1 (Autumn 1963), pp. 3–8.
3. 参见[古希腊]色诺芬《回忆苏格拉底》，吴永泉译，商务印书馆1984年版，第120—123页。

建筑师的名称也可以这样……他们也拥有知识，他们的知识与智慧的事情有关”[1]。画家和建筑师们所懂得的是一种与绘制有关的专门知识，柏拉图为艺术构筑了一个知识的基础，确定其具体生产实操性的特征——绘制，这是一种理性的、可确切描述的知识，而不只是精神层面的不确定的情感表达。作为一种绘制专业的视觉艺术在柏拉图的思想体系中拥有重要席位。

资料显示，柏拉图可能比较熟悉绘画艺术。2 世纪时，阿普列乌斯（Apuleius）曾简单地提到柏拉图并不反对绘画艺术这类的话。在 5 世纪时又有拜占庭作者奥林匹斯（Olympidorus）记载过柏拉图自己就是一位精通颜料混合知识的画家。[2] 而第欧根尼也提到柏拉图年轻时曾修习过绘画。后世的这些记载有太多的附会和想象，并不十分可信，倒是柏拉图关于绘画的一点论述可兹佐证。在《国家篇》(501A–C）中，他提到了理想的绘画步骤：第一步要擦干净画板；第二步是依据正义、美、节制等性质，努力复制各种摹本；第三步是不断添加东西，使之鲜活起来，使之具有“荷马所说的与人形相似的东西，当这种东西在人身上显示时，人的形象就是神的形象，人就和神相似”[3]。在此所表述重点虽是绘画通过绘制图形、

---

1. 柏拉图:《柏拉图全集》(第一卷)，王晓朝译，人民出版社 2002 年版，第 433 页。
2. Moshe Barasch, *Modern Theories of Art, 1: From Plato to Winckelmann,* Routledge, 2000, p. 8.
3. 柏拉图:《柏拉图全集》(第二卷)，王晓朝译，人民出版社 2003 年版，第 495 页。

复制摹本以表达与神的相似的形象，但至少证明柏拉图对绘画流程并不陌生，甚至比较熟悉。

不仅如此，绘画所要绘制的图形在《理想国》第六卷中还被置于认识论的真理认知体系中。柏拉图区分了灵魂的四种状态：理性（形成概念的思维）—理智—信念—借助图形来思考或猜测（感性的认识）。他认为这四个状态按照清晰程度和精确性不同，以及各自的对象分有真理和实在的程度不同，构成了真理的等级。其中图形的知识，也就是感性的知识，被规定为思维的最初形态。[1]（《国家篇》513E）黑格尔认为，这是柏拉图以真正的科学从感性认识中借由理智的反思，构成普遍的规律和确定的类，进而形成以理念为对象的自在自我的思维方式。[2]这样，绘制图形的绘画和雕塑、建筑等也就在哲学层面获得了本体论的可能性和必要性。

即便出于对“剧场政制”的悲观情绪而对戏剧布景画中的“幻象”特性大加批驳，但就单纯绘画及建筑等行为本身而言，柏拉图不仅对绘制程序及其专业知识寄予描述神性形象的厚望，而且将绘画所要绘制的图形作为灵魂通向真理的第一阶段，从而将感性意义上的艺术问题纳入哲学系统。由此可断定，作为一类绘制的知识

1. 参见柏拉图《柏拉图全集》（第二卷），王晓朝译，人民出版社2003年版，第510页。
2. 参见［德］黑格尔《哲学史讲演录》（第二卷），贺麟、王太庆等译，商务印书馆1960年版，第208页。

时，柏拉图并不决然反对绘画类艺术。当然，我们也可将其理解为，柏拉图所论的是一种理想的绘制图形的绘画技艺而非实操性的绘画行为，此乃社会功能论和哲学认知论上的“双重标准”。但无论如何，柏拉图对艺术作为专业知识特性是认可的，这一点是毋庸置疑的。

概观之，在剧场政制这一语境下，一方面，柏拉图以戏剧的政治、哲学和知识传递使命为理想和目标，就艺术诸门类之间关系形成了多个统一原则，以此建立一种理想的政治艺术模式；另一方面，柏拉图也从社会价值、知识形态及哲学本体等不同角度为诸艺术划出娱乐、真实幻影及特殊知识等标识。这些原则与标识多是基于各门艺术各自的媒介与物化程度而提出的，故而其理论中关于音乐、舞蹈、绘画、雕塑及建筑等门类的论说不仅内聚在政治实践原则下存有多重共性，而且这些共性又与各门艺术的特殊经验（虽然经验并不一定是正确的）之间有着深度的关联。这是其艺术理论的主要特征。

要言之，柏拉图思想中的诸门艺术虽然并没有被明确专列为一个独立体系，更没有形成所谓“美的艺术”的概念[1]，但音乐、舞

1. 这一点其实已有共识，艾瑞克就认为柏拉图对于艺术的比较或统一并不是建立在美学或艺术的概念基础之上的，而是在一种认识论前提下的。参见 Eric A. Havelock, *Preface to Plato*, Cambridge, Massachusetts and London: The Belknap Press of Harvard University Press, 1963, p. 29。

蹈、绘画、雕塑、建筑等诸艺术在其阐述中有意无意地被作为一个整体来对待：它们自成有机体系，且拥有多个共有标识，但同时与各自专门知识间又不乏深度介入与互动。这些论断虽未能直接通达现代艺术体系，但它们的发现，使得柏拉图可在揭示各门艺术经验基础上形成一个立体纵横的整体艺术观，进而以深刻的逻辑关联实现了诸艺术一般原则与特殊知识的有效衔接与上下流通，为后世西方艺术理论的体系化、学科化发展奠定思想基石。这无疑是柏拉图留给艺术学科的重要遗产。

# 第七章

# 柏拉图与艺术的传统和革新

一个人的命运和思想往往要在时代的滔滔大势中形成并显露，尽管柏拉图的思想论述成为古希腊时期艺术观念的集大成者，但关于艺术理论与实践之间是何种关系？柏拉图介入知识系统的艺术理论与彼时艺术实践是否互通，或形成共振？他与艺术活动有没有密切或直接关联？回答这些问题还需要折返到当时的艺术史问题中来思考。其时的艺术风格、特征与新变构成了柏拉图艺术思想的重要底色。因此，我们需要在雅典人生活其中的城邦及其艺术活动中来考量柏拉图的艺术论说。

探讨柏拉图思想与希腊艺术中的传统和变革问题，不得不从埃及艺术传统说起。古代时期，在制造雕塑和绘画中运用技巧是基本常识，早期各种方法中对标准和规则的运用也较为普遍。在埃及人的作品中这是非常鲜明的一种特性。比例、对称等程式性要求在埃及艺术中随处可见，特别是在具体的创作技法中多有体现。例如，埃及人在雕塑中采取了这样一套方法进行创作：首先在一具方形石块的各面——正面画人的正面、侧面画人的侧面；然后从正面和侧面慢慢地向石头里面切割。勾画人形要依据一定的比例，使正视图与侧视图能彼此衔接。这一雕塑方法为上古（公元前 7 世纪—公元前 5 世纪）时期的希腊人所接受，且希腊人进一步加强了造型要素：对称、重复和比例。

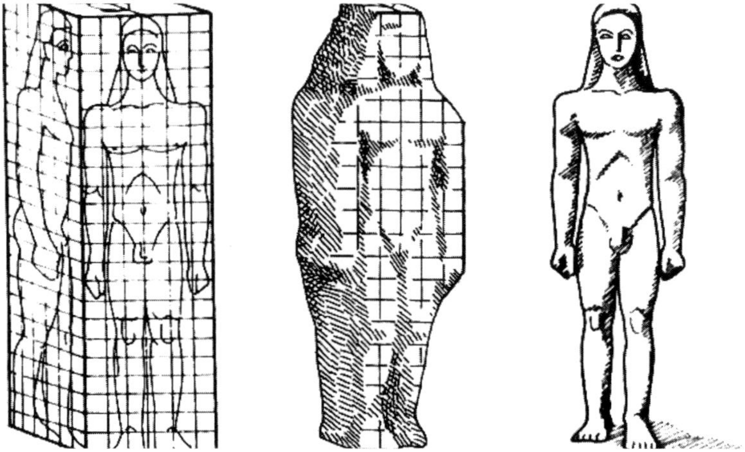

上古和古典时代希腊人制作石雕像的示意图

（［英］苏珊·伍德福德：《剑桥艺术史——古希腊罗马艺术》，钱乘旦译，译林出版社 2017 年版，第 7 页）

埃及艺术中有一种只允许模仿前辈，而不可有新发明的宗教禁忌[1]，因此，我们看到埃及艺术的特色之一就是所有雕像、绘画及建筑形式都遵循同一种稳定的风格，这种风格有严苛的范式：坐着的

1. Johann Joachim Winckelmann, *The History of Ancient Art I & II,* Curtis Bowman ed., Thoemmes Press, 2001, p. 171.

雕像必须把双手放在膝盖上，男人的皮肤颜色必须比女人的深，太阳神赫拉斯必须表现为一只鹰，死神阿努比斯必须表现为一只豹[1]，又一说为胡狼。[2]熟知艺术的柏拉图[3]对此深以为然。他之所以景慕埃及艺术，端赖埃及人严格遵守艺术中的秩序和尺寸这一传统。在《法篇》中论及音乐的教育功能时，柏拉图以“雅典人”的口吻，援埃及以自警，胪举埃及人在法律中所规定的各类艺术发明，音乐和绘画、雕像被划重点，强调传统和法则在艺术中的重要性：

---

1. 参见［英］贡布里希《艺术发展史》，范景中译，天津人民美术出版社1998年版，第34页。
2. 参见［意］西尔维娅·埃诺迪编著《开罗埃及博物馆》，桑巍译，译林出版社2017年版，第126页。
3. 据3世纪的第欧根尼·拉尔修（Diogenes Laërtius）记载，柏拉图本人可能研习过诗歌、绘画，并热爱体育，他“曾经投入到绘画学习中，他还写诗，起初是写激情狂热的诗歌，后来创作了抒情诗和悲剧”；甚至一度要去争夺巴克斯悲剧奖，因此，他对诗歌的论说很有可能是有实践基础的。柏拉图还跟随摔跤手阿里斯顿（Ariston）学习体操运动，身形健硕，甚至还曾在地峡运动会上（每两年一次在科林斯地峡举办仅次于奥林匹克的地峡运动会）参与摔跤，Plato 这个名字也由此而得（此前的名字叫 Aristocles）；也有人说 Plato 是由他的大宽额头或是他的雄辩术而来。此外，他跟随昔兰尼的赛奥多洛（Theodorus of Cyrene）学习数学。柏拉图将数学知识与绘画等艺术活动结合起来进行思考也是合理。（Diogenes Laërtius, *The Lives and Opinions of Eminent Philosophers*, literally translated by C.D.Yonge, Bohn’s Classical Library, London: George Bell & Sons, 1828, pp.114–116）不过第欧根尼的这本书由于附会有很多希腊神话人物与哲学家交流的故事，使其可信度大打折扣。

伊西女神雕像　第二十六王朝末期，公元前6世纪下半叶，岩石，高90cm，总目录号38884，萨卡拉，普萨姆提克之墓

（［意］西尔维娅·埃诺迪编著：《开罗埃及博物馆》，桑巍译，译林出版社2017年版，第155页）

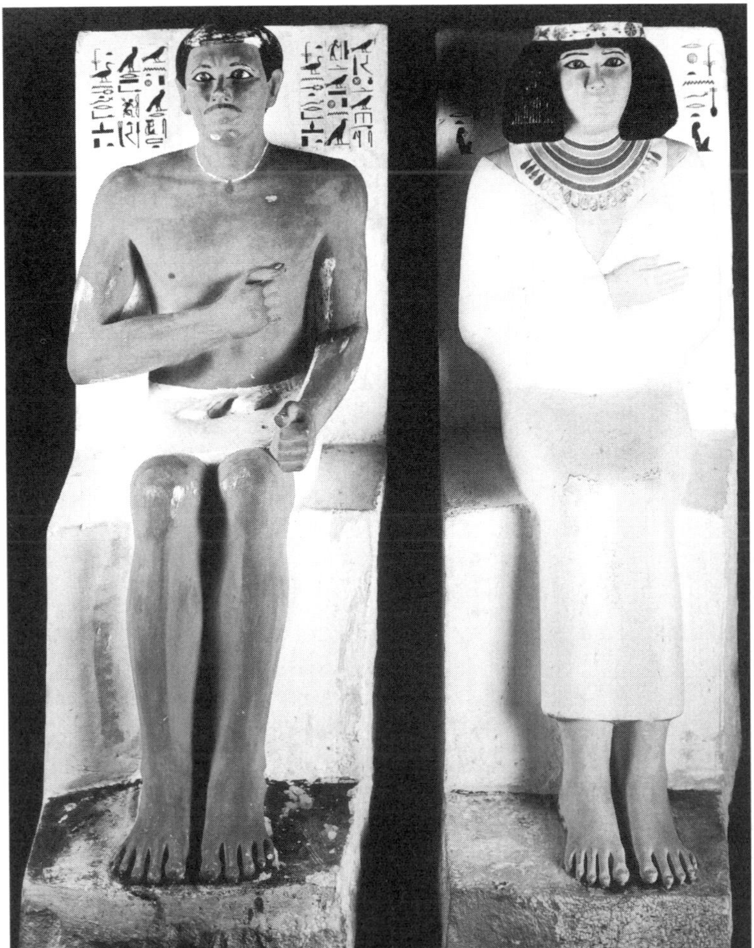

拉胡泰普和奈费尔特的双人雕像　第四王朝，斯奈夫鲁王时期（前2575—前2551）彩绘石灰岩，高121 cm 和122 cm，总目录号3－4，美杜姆，拉胡泰普石室坟墓

（［意］西尔维娅·埃诺迪编著：《开罗埃及博物馆》，桑巍译，译林出版社 2017 年版，第 56 页）

带有祭坛的阿努比斯神雕像　公元前14世纪涂了焦油的木材、金片、金、银、石英和黑曜石，总高118cm，总长270cm，宽52cm，入馆编号：61444，帝王谷，图坦卡蒙墓（［意］西尔维娅·埃诺迪编著：《开罗埃及博物馆》，桑巍译，译林出版社2017年版，第126页）

这个国家（埃及）似乎很久以前就承认了我们现在肯定的真理，如果这些姿势和旋律是年轻一代公民的习惯行为，那么它们必须是好的。所以他们把各种类型的发明集中起来，把样品存放在神庙里。除了按照传统模式创作，禁止画家和其他设计艺术家发明新的模式，这项禁令仍旧存在，适用于这些艺术以及音乐的各个部门。如果你观察他们各处的绘画和雕塑，你会发现一万年前的作品……既不比今天的作品好，也不比今天的作品差，二者表现出同样的风格。……这是因为埃及人无比信任他们的立法者和政治家。在埃及的其他制度中无疑也可以找到许多根据，但音乐问题——它至少是个事实，很有说服力的事实——实际上证明了在这样一个范围内用法来规范展示内在永恒正确性的旋律是可能的。[1]（《法篇》656E–657B）

柏拉图认为埃及的这种万年不变的风格之所以能够延续，端赖埃及人始终贯彻一种相同的艺术规则，此规则可以展示一种永恒性和正确性。相反，雅典人的艺术在他看来是屈从于无秩序的愉悦，把艺术委托给感官判断，这是柏拉图所谴责的。而在西西里和意大利表演习俗中，通过听众投票来决定胜利者，听众成为裁决者，这种做法既腐蚀了诗人，又腐蚀了听众的品位，故而艺术同样要有

1. 柏拉图:《柏拉图全集》(第三卷)，王晓朝译，人民出版社2003年版，第403—404页。

“法律”宣布为正确的规矩来约束诗人和艺术家。立法家可以劝告甚至强迫拥有天赋的诗人来创作高尚优美的诗句、适当的节奏和优美的旋律。[1]（《法篇》659C–660A）那么，柏拉图对艺术规则的这种严苛要求是否有其真实的艺术实践土壤呢？

## 一、有机规则：古希腊艺术的理想主义传统

柏拉图生活于古希腊历史的中晚期，其时的城邦政制、文化、艺术等都刚刚经历过生气勃勃的黄金时代[2]，处在即将由盛入衰的“后鼎盛”期。一方面出现了各种新的思维方式和生活方式；另一方面各类理论经过沉积后极大地丰富起来。作为技艺的一种，各类艺术的经验性知识中获得了一般性的标准和稳定的规则，艺术理论著述颇为丰富。[3]较为知名的有希兰纳斯的《关于多利安人的对称美》、画家帕哈修斯的《论绘画》；雕塑家波留克列

1. 参见柏拉图《柏拉图全集》（第三卷），王晓朝译，人民出版社2003年版，第407页。
2. 被后世称为伯利克里（约前495—前429）黄金时代。
3. 黑格尔认为艺术是一门从经验出发的科学，其标准和法则也是经过挑选和汇集形成，然后经过进一步的侧重形式的概括化，形成了各门艺术的理论。参见［德］黑格尔《美学》（第一卷），朱光潜译，商务印书馆1979年版，第19页。

特斯（Polykleitos）的《法则》（kanon）[1]；音乐方面有公元前5世纪的达蒙关于毕达哥拉斯的音乐论文，其中提出特定的旋律与节奏能够模

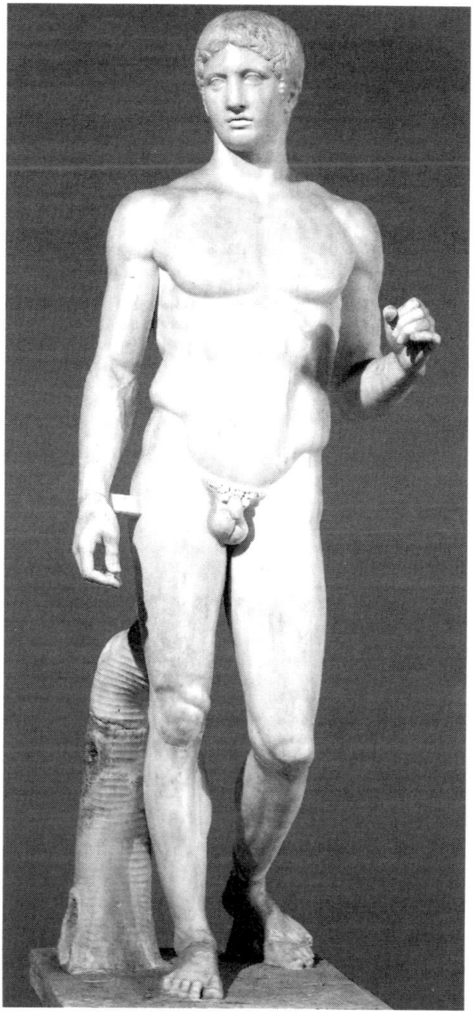

波留克列特斯《持矛者像》

（[美]弗雷德·S.克雷纳、克里斯汀·J.马米亚编著：《加德纳艺术通史》，李建群等译，湖南美术出版社2013年版，第133页）

1. 波留克列特斯认为，一件成功的雕塑作品依赖于对抽象法则的准确应用，因此重点不在对立平衡的形式，而是比例和尺寸问题。在论文《法则》（Kanon）中，他提出了关于雕像制作中所遵循的原理和使用的比例，规定身长与头部的标准比例是7：1。在后世的艺术史学家看来，波留克列特斯制作的《持矛者像》（约公元前5世纪）描绘的是其心目中理想的运动员或武士像，因此它的意义和价值在于示范，以辅助其论文《法则》，波留克列特斯给这尊雕像起的名字本是与其论文同名的——“法则”。（[英]简·爱伦·哈里森：《希腊艺术导论》，马百亮译，商务印书馆2017年版，第85页；又见[美]弗雷德·S.克雷纳、克里斯汀·J.马米亚编著《加德纳艺术通史》，李建群等译，湖南美术出版社2013年版，第132—133页）

仿特定类型的性格与生活方式，以及索福克勒斯的《论合唱队》；等等。尽管这些著作大多没有流传下来，但从散佚后世的片段及引注中可知，一种遵从数的规则的原理性知识在希腊时期的艺术活动中是普遍存在的。[1]

事实上，规则、法度、原理等确切性知识不只是理论家的偏好，也是希腊艺术家所主动依循的创作原则。温克尔曼的艺术史考察发现，在古希腊雕塑中，即便处理衣褶也在讲究一种规则。他夸赞尼俄柏的衣衫是按照一种规则刻画，使之成为一组组的形式，是古代最优美的衣衫；远古时代的艺术家盖伊（Heioy）的雕刻作品中，狄安娜穿的衣服从鼓起的部位自由地向两旁垂落，这不同于近代艺术品中衣褶的变化多端和错落曲折。[2] 同时，希腊人习惯性地将数、线条、几何图形等作为一种能表达普遍性的最优方式，艺术家对抽象的、确切知识的热爱将技艺概念上的知识特性不断具体化。如西西奥尼（Sicyonian）派的雕塑家声称，他们的艺术就是知识；建筑学则遵从静力学规则的知识；绘画家帕姆菲拉斯更宣称，“任何一个缺乏建筑学与几何学知识的人都不能成为一个好的艺术

1. 参见［美］门罗 · C. 比厄斯利《美学史：从古希腊到当代》，高建平译，高等教育出版社2018年版，第35页。
2. 参见［德］温克尔曼《论古代艺术》，邵大箴译，中国人民大学出版社1989年版，第195页。

家”[1]。

法则成为希腊人艺术创作的核心：建筑由于其内在秩序和完美结构而成为艺术，画家通过正确再现创造出美的整体。为达到这种效果，“艺术家必须了解和运用统治世界的永恒法则”[2]，优秀而真实的艺术的标准就是要与世界法则相一致，并符合道德秩序，“由于艺术的标准存在于恰当之中，其支配原则必然是理智而不是情感”[3]。显然，在当时社会中普遍盛行的艺术标准是法则，艺术创作的首要条件是规则，这并不只是柏拉图的独断，而是当时艺术活动的一个重要特质。对称、秩序、比例等基于规则的原理性要求，在艺术创作中不仅占据了极为重要的位置，而且得到了理论化的阐述和分析研究，从而将规则问题从经验性的范本生产推向理论化、知识化的原理性分析，一种科学化、普遍化的理论表述在艺术活动中盛行。

若仅就艺术的规则问题而言，柏拉图对城邦中那些不合法度的艺术的反对是合乎其历史逻辑的，但问题是，作为一种完美的、古

---

1.［波］沃拉德斯拉维 · 塔塔科维兹：《古代美学》，杨力、耿幼壮等译，中国社会科学出版社1990年版，第83页。

2.［波］沃拉德斯拉维 · 塔塔科维兹：《古代美学》，杨力、耿幼壮等译，中国社会科学出版社1990年版，第163页。

3.［波］沃拉德斯拉维 · 塔塔科维兹：《古代美学》，杨力、耿幼壮等译，中国社会科学出版社1990年版，第163—164页。

典化的艺术活动，希腊人的艺术中又处处体现着发明和创造力，这似乎与稳定少变的规则、法度等要求相悖逆。那么，希腊人是如何在一个稳定少变的规则性知识和不断追求完美的好奇心所引发的发明、创新之间寻求平衡的呢?

过往理论多笼统地将其归因为古希腊艺术的理想主义，认为希腊艺术作品的目的之一就是要应用稳定普遍的知识揭示并支配自然的规则，其间体现着一种理想主义的艺术风格。如温克尔曼认为希腊时期关于美的躯体比例的普遍观念，源自希腊艺术家们经常观察人体，且这种塑造神和人的观念是高于自然、超越物质常态的，因此"只有用理智创造出来的精神性的自然，才是他们的原型"[1]。他相信希腊人是根据理想的观念和严格遵从真理的态度而对待艺术问题的。黑格尔也将古希腊雕像作为古典型艺术的代表，认为它是体现完美理想的艺术创造。对称、比例等规则性的核心理论与希腊人自由想象的艺术创造的平衡和谐，实现了一种理想主义的艺术风格。这仍旧有循环论证之嫌疑，没有解决希腊艺术规则与自由、传统与创新之间的平衡难题。而现代研究就此形成了几种新的判断：

第一种是超越民族性论。著名古典学家简·爱伦·哈里森(Jane Ellen Harrison)也对古希腊艺术中的理想主义颇为认同，但较之此前研究，她更深入了一步。在考察了理想主义艺术所具有的

1.[德]温克尔曼:《论古代艺术》，邵大箴译，中国人民大学出版社1989年版，第31页。

形而上特质后，简·爱伦提出的问题是：为什么在埃及、亚述和腓尼基皆已消亡的情况下，希腊艺术能独树一帜，永葆青春？她的答案是：希腊艺术的特殊品质在于具有“某种广博和普适性，其中的民族可以消亡，但这种品质永存不朽”[1]。通过分析希腊的塞利努斯的排档间饰特性，简·爱伦认为，希腊艺术的独特品质就是“理想主义”，这种理想主义表现在其艺术中就是：1. 人神同形同性（神）；2. 英雄崇拜（英雄）；3. 对完美人体的追求（人类）。在理想主义原则的指引下，“所有的美和力量都是推而广知的、普遍适用的、人性化的”，所有复制品中几乎都在表现着“尊严、力量、质朴和矜持”[2]；“从特殊的上升到普适的，对于希腊艺术来说，这种本能最终导致了最高级形式的理想主义”[3]。哈里森对希腊艺术的这一判断，看到了希腊人在艺术创作活动中从民族形式中跳出，实现了对特殊形式的普遍化。这一变革，即在艺术中追求人性化、普适性特质与柏拉图技艺概念的普遍性知识目标和理想不谋而合。[4]

第二种是有机规则论。塔塔尔凯维奇将这一时期的艺术特征总

---

1.［英］简·爱伦·哈里森：《希腊艺术导论》，马百亮译，商务印书馆2017年版，第1页。

2.［英］简·爱伦·哈里森：《希腊艺术导论》，马百亮译，商务印书馆2017年版，第122、124页。

3.［英］简·爱伦·哈里森：《希腊艺术导论》，马百亮译，商务印书馆2017年版，第122页。

4. 参见孙晓霞《“技艺”理论研究与西方艺术学科起点》，《文艺争鸣》2020年第2期。

结为理想主义与理性主义的完美结合。与埃及艺术生硬的规则约束不同，在希腊人眼里，规则是重要的，但不像埃及一般让标准化的规则僵化不变。希腊艺术中除了对规则性技艺的掌握和遵守，更注重在抽象理论的引导下，探求和发现新规则，因为在他们眼中，艺术的“规则是一种发现而不是发明，规则是一种客观真理，而不是人的构造”[1]。不断发现新的规则，这就令希腊人可以抛开传统禁锢，无须固守旧规则。这样就产生了一种突破传统、更新规则，生成有机规则的新可能。

塔塔尔凯维奇指出此刻的艺术之所以符合“古典的”的意味：一是因为最成熟、最杰出的文化产品被称为“古典的”，二是因为古典也意味着文化、艺术、诗歌在各部分之间保持适度、严谨、和谐、协调。塔氏认为，只有希腊公元前 5 世纪—公元前 4 世纪的伯利克里时代才是西方文化艺术的最完美的顶点时期，因为它充分地体现了这两方面的含义，可被称为“古典时期”，它是其他古典时期的原型和新古典主义的典范和榜样。[2] 在具体的作品分析中，塔

1. [ 波 ] 沃拉德斯拉维 · 塔塔科维兹:《古代美学》，杨力、耿幼壮等译，中国社会科学出版社 1990 年版，第 83 页。

2. 相较而言，巴洛克是兼具古典和颓废时期特征的艺术；哥特式和浪漫主义艺术则由于追求的是极端而不是适度，所以不能称为“古典的”。参见 [ 波 ] 沃拉德斯拉维 · 塔塔科维兹《古代美学》，杨力、耿幼壮等译，中国社会科学出版社 1990 年版，第 61—63 页。

塔尔凯维奇认为，米隆的青铜雕塑善于捕捉运动员努力瞬间的复杂身体姿态；波利克莱图斯用石头刻画运动员身体静止时的完美平衡、对称和比例；菲迪亚斯则在青铜雕塑的作品中将优美和伟大统一起来。他认为，古希腊的这些雕塑作品让我们看到除了在对称之外，当时的艺术家还同时追求一种更为高妙的、更符合有机的人体规则，其过程是：最初，他们大体上遵守规则；然后，他们有意识地偏离它们；最后，他们抛弃了传统的程式化模式，转向了有机形式。[1]

这样，希腊艺术就充分实现了规则与创造的完美统一。第一，希腊的艺术规则事实上就具有美学的论证，这是它们的主要特征。第二个特征是它们的灵活性：艺术规则随时可以修改和校正。第三个特征是注重比例且可以用数量加以表现，用哲学中的事物的理想比例来规定雕塑。[2]这一点在数学界也已成常识，古典时期希腊人的雕塑"并不注重个别的男人和女人，而是注重理想模式，这种理想化加以扩展后，就导致了身体各部位比例的标准化"[3]。通过数学

---

1. 参见［波］沃拉德斯拉维 · 塔塔科维兹《古代美学》，杨力、耿幼壮等译，中国社会科学出版社 1990 年版，第 69—70 页。
2. 参见［波］沃拉德斯拉维 · 塔塔科维兹《古代美学》，杨力、耿幼壮等译，中国社会科学出版社 1990 年版，第 69—70 页。
3. ［美］M. 克莱因:《西方文化中的数学》，张祖贵译，复旦大学出版社 2004 年版，第 32 页。

知识，不断追求艺术技艺的完美，这构成了古希腊艺术将理性知识和理想主义相结合的气质。

第三种是规则矫正论。对于希腊艺术中的规范之改良问题，贡布里希曾探讨过它在知识层面的发展逻辑。贡布里希承认它是一种对概念式艺术的“习惯的突然背离”[1]，但他更强调希腊艺术是通过图式和矫正来实现的，它所遵循的规则不是一成不变地复制历史，也不是彻底地抛弃传统程式，而是根据知识的扩展进行修订、矫正和完善，这是希腊艺术获得成功的根本。新的变化与其说是偏离规则，不如说是基于完善技艺所诉求的一种新型创作方式。通过诸多原则和无数新技巧，如“动态对比”“对立平衡”等方法，希腊艺术家形成了新的创作模型或范式。他们的图式是严谨、规范的，是艺术家应首先知道和掌握的规范，但同样要根据自然形象一点点进行调整，使其适应所要描绘的新内容，对概念性艺术图式进行矫正。[2]

艺术家们观察现实，并以模仿为手段，根据自然形相对先前的概念式图式进行连续的、系统的矫正，直至运用新的模拟技巧匹配

---

1. [ 英 ] E.H. 贡布里希：《艺术与错觉 图画再现的心理学研究》，林夕、李本正、范景中译，浙江摄影出版社 1987 年版，第 141 页。
2. 参见 [ 英 ] E.H. 贡布里希《艺术与错觉 图画再现的心理学研究》，林夕、李本正、范景中译，浙江摄影出版社 1987 年版，第 138 页。

现实取代制作。[1] 这样的一件雕塑作品方可既“达到了完美的和谐，又没有带来意料之外的新问题。古典时代就是这样解决了问题”[2]。在新原则和新技巧的支撑下，希腊艺术通过不断分解自然、再重新组合的实验的方式，重新塑造理想化的体格、运动、衣饰等类型，形成了一批新的、较埃及人更为丰富的图式或模型。

上述研究的视角各异，但都同意均衡、明晰、简洁是希腊人衡量一切经典作品的标准，它们取决于希腊人在理性指引下的思路清晰的选择能力，以及古希腊艺术追求理想的秩序。无论是超越民族化还是有机规划说，抑或是贡布里希的范式改良说，都承认古希腊艺术史在理性和理想主义的主导下，通过有机化处理以寻求新的艺术法则，才实现了艺术创作的经典化。

不过，问题并不这么简单，因为不断的改良终究会触发革命性的震荡。

## 二、革新：来自弥补视错觉的理论挑战

阿诺尔德·豪泽尔认为埃及艺术的特点同样是理性主义造型原

---

1. 参见［英］E.H. 贡布里希《艺术与错觉 图画再现的心理学研究》，林夕、李本正、范景中译，浙江摄影出版社 1987 年版，第 140—171 页。
2. ［英］苏珊·伍德福德：《剑桥艺术史——古希腊罗马艺术》，钱乘旦译，译林出版社 2017 年版，第 18 页。

则，但它更安于标准化生产，相反，支持标新立异却是希腊艺术独有的精神特征[1]；而贡布里希的看法是，如果说埃及艺术僵化的法则和概念化的艺术创作模式被希腊人打破，那只能说明当时埃及的情况没有产生影响，他认为，希腊之所以能产生这种新变，是因为出现了一个“希腊革新”的时代。[2]对传统习惯的偏离与当时哲学、科学及诗剧（dramatic poetry）的发展交相呼应。艺术规则突破与范式革新的直接表现则是艺术中新技艺、新知识的不断涌出。其中，艺术家采用的弥补视错觉的方法给哲学家的理性世界带来了极大的挑战。

据维特鲁威《建筑十书》记载，埃斯库罗斯在创作悲剧的时候，阿加萨霍斯（Agatharchus）曾撰写了关于剧场布景的论文，后来德谟克利特和阿那克萨戈拉受他启发，也撰写同主题论文，论述在布景绘画中精确再现建筑物的外观时所应用的视觉与光学原理，

---

1. 参见［匈］阿诺尔德·豪泽尔《艺术社会史》，黄燎宇译，商务印书馆2015年版，第20页。

2. 事实上，贡布里希并不认为希腊艺术是革新，而只是规则的改良。“希腊雕塑和绘画的各种技能也被证明是惊人地有限，一批数量有限的公式被用来表现站立的、奔跑的、战斗的或跌倒的人物，希腊艺术家们在很长一段时期内反复使用，只有比较细微的变化而已……希腊的艺术语汇比起埃及的多不了多少。”［英］E.H. 贡布里希：《艺术与错觉 图画再现的心理学研究》，林夕、李本正、范景中译，浙江摄影出版社1987年版，第171—172页。

以及绘画中的透视内容。[1] 塔塔尔凯维奇考证发现，在古希腊的古典艺术中，允许因光学和视角改变而描绘出新的物体外形，“视角”被引入，绘画中加入了“投影术”。假如我们希望看到一个圆，艺术家必然会画出一个椭圆。这在古代是艺术家和理论家都熟知的一种图形绘制技艺，现存较早的有 2 世纪一位希腊数学家和机械家达米亚努斯（Damianus）的相关论述，一个圆有时会被画成一个椭圆形，让它看起来像个圆，同样，方形可以被画成长方形，尤其是放在高处的物品的外形与它的实际形象根本不同。[2] 也就是说，古代人们很可能已隐约意识到需要光学的、透视的、空间几何等知识，来实现三维物体在二维视觉平面的呈现和转换。[3]

建筑方面也大量应用了此类知识。现代艺术史考证显示，帕特农神庙[4] 的各个部分都遵循着一个代数形式：X=2Y+1。从外观看，

1. 参见［古罗马］维特鲁威《建筑十书》（典藏版），［美］I.D. 罗兰英译，陈平中译，北京大学出版社 2017 年版，第 159 页。
2. Wladyslaw Tatarkiewicz, “Two Philosophies and Classical Art”, *The Journal of Aesthetics and Art Criticism*, Vol. 22, No. 1 (Autumn 1963), pp. 3–8.
3. 这一点虽然在柏拉图的哲学中被斥为拙劣的模仿相似物的第三层模仿，但它应用了一套全新的视觉知识，也是后世很多时候人们强调绘画的地位高于雕塑的重要原则之一，如莱奥纳多·达·芬奇的“论绘画”。
4. 神庙建于公元前 447—公元前 438 年，由建筑大师卡利克拉特（Kallikrates）和伊克蒂诺斯（Iktinos，又译伊克提努斯）设计建造。其墙面和山形墙的雕塑饰品在艺术大师菲迪亚斯的监督下完工。参见［德］达格玛·卢茨《古希腊艺术如数家珍》，程爽译，吉林出版集团有限责任公司 2012 年版，第 45—47 页。

神庙建筑的长宽比就是这样一个比例关系：短边有 8 根圆柱，长边有 17 根圆柱；基座的长宽比是 9∶4，同样其内殿的长宽比，两个相邻的柱基的圆心距——轴间距（interaxial）与圆柱本身直径的比例也都服从上述公式。但是在这样严格的比例之外，有一个非常容易被忽视的事实，那就是该建筑有改良规则的诸多特征，如不同于常规的横平竖直的柱梁结构，圆柱均向内微微倾斜等，这些改良在现代学者看来符合“对偶倒列”，使建筑更富生命力。[1] 对此现象更为直接的、不带感性判断的内容最早出现在维特鲁威的《建筑十书》中。在关于帕特农神庙的古代论文中[2]，维特鲁威发现古代建筑的这些调整是为了补偿视错觉，并且这种视错觉弥补要严格根据模数比例的调整来实现。但是，这类手法被称为视错法（Trompe I'oeil），目的是欺骗眼睛和心灵，这是柏拉图所不允许的。

当然，反对视觉形象带来的感官愉悦并不只是柏拉图一个人的固执己见，而是当时社会中面对巨型建筑和雕塑等新艺术创作方法的普遍心理，这一点可从后世文献中得窥一二。从柏拉图到西塞

1. 参见［美］弗雷德 · S. 克雷纳、克里斯汀 · J. 马米亚编著《加德纳艺术通史》，李建群等译，湖南美术出版社 2013 年版，第 136—137 页。
2. 据《建筑十书》第七书的前言部分记载，维特鲁威参考了诸多先贤的著述来完成自己的建筑专论，其中提到伊克提努斯和卡皮翁所发表的关于论雅典围城多立克型密涅瓦（帕特农）神庙的论文。参见［古罗马］维特鲁威《建筑十书》（典藏版），［美］I.D. 罗兰英译，陈平中译，北京大学出版社 2017 年版，第 160 页。详见第七章。

帕特农神庙西北面视图(雅典卫城前447—前438)
([美]弗雷德·S.克雷纳、克里斯汀·J.马米亚编著:《加德纳艺术通史》,李建群等译,湖南美术出版社2013年版,第136页)

罗、老普林尼乃至12世纪的拜占庭学者策策斯(Tzetzes),皆记录过古希腊的雕刻家菲迪亚斯(Phidias)的著名故事。接到任务,要雕刻一个站立在高坛之上的雅典娜[1],菲迪亚斯将女神的头雕刻得比定律要求的要大。这遭到了雅典人的反对,因为他们关于艺术的观念与柏拉图的真实的、宇宙中心主义是一致的,他们与柏拉图一样对创作幻觉的变形的艺术深恶痛绝。菲迪亚斯很难为自己的雕塑进

1. 菲迪亚斯主要生活在公元前5世纪,精于创作青铜雕像雅典娜女神。据载曾用青铜创作了高达50英尺的雅典娜雕像。参见[英]简·爱伦·哈里森《希腊艺术导论》,马百亮译,商务印书馆2017年版,第126—130页。

菲迪亚斯《圣女雅典娜》 希腊雅典卫城，复制品，原作遗失，高约11.6m，安大略皇家博物馆，多伦多

（［美］弗雷德·S. 克雷纳、克里斯汀·J. 马米亚编著：《加德纳艺术通史》，李建群等译，湖南美术出版社 2015 年版，第 136 页）

行辩护，但他说服人们耐心等待，直到作品矗立在指定位置的那一天，雅典人才理解了什么是真正的巨型雕塑。[1] 困扰菲迪亚斯的问题到下个世纪时就已经大大地消散了。老普林尼（Pliny）在著作《自然史》中记录了公元前 4 世纪希腊雕刻家利西波斯（Lysippus）对此种问题的最终定论："过去的老艺术家展示的人是他们所是的样子，我所展示的是他们看起来是的样子。"[2] 显然，当时人们普遍对眼中世界与现实世界的区别已经有了充分意识。面对舞台布景、雕塑和绘画等巨型作品时，视觉上的完美性迫使人们不得不重新定义艺术作品的真实性问题，视觉中的形象具有了新的技艺法则，感官世界得到理论的观照，对艺术的变形开始有了肯定的声音。那

1. Wladyslaw Tatarkiewicz, "Two Philosophies and Classical Art", *The Journal of Aesthetics and Art Criticism*, Vol. 22, No. 1 ( Autumn 1963 ), pp. 3–8.

2. 这段话在李铁匠译本中被翻译为："他喜欢说他创作的人，就像他自己看见的人一样。而他的前辈创作的人，则像过去的他们一样。"（参见［古罗马］普林尼《自然史》，李铁匠译，上海三联书店 2018 年版，第 339 页）但从艺术史的角度来思考，此段表述显得不够明晰，为此本段重新参考了以下两个译本，一是在 1961 年英译的十卷本《自然史》中，该段话被译为："He used commonly to say that whereas his predecessors had made men as they really were, he made them as they appeared to be." [ Pliny, *Natural history IX ( LIBRI XXXIII – XXXV )*, translated by H.Rackham, M.A, Harvard University Press, 1961, p. 166. ] 二是塔塔尔凯维奇 1963 年发表在《美学与艺术批评杂志》上的文章中，将这段话英译为 "The artist of old showed people as they were; I show them as they seem to be." [ Wladyslaw Tatarkiewicz, "Two Philosophies and Classical Art", *The Journal of Aesthetics and Art Criticism*, Vol. 22, No. 1 ( Autumn 1963 ), pp. 3–8 ] 综合以上两个英译本，作如上翻译。

么，身处于传统与革新的世纪旋涡中，被认为艺术保守主义的柏拉图[1]要如何处理这些“不利”因素呢？

## 三、柏拉图技艺理论的张力：契合艺术实践

面对“礼崩乐坏”的革新时代，柏拉图和当时的知识界一样，无法接受在视觉艺术中所运用的新技术。相比《理想国》中对艺术作为第三类模仿的批判，透视画和戏剧布景绘画，以及建筑和雕塑执着于通过幻象来满足视觉感官，这更加激起了柏拉图的不满，他自然要对艺术家制造错觉的把戏大加挞伐。突破法则以满足视觉的愉悦，这在道德伦理的哲学层面与柏拉图对话中所主张的视觉形象的制造之观点相违背。他指出，那些制作巨大尺寸的雕塑家或画家造出或画出与真实事物有相同名字的事物，是在利用视觉距离欺骗儿童心灵，他们抛弃真相，制造出的或大或小的像，只要显得美丽。[2]（《智者篇》234B、236A）这类制造形象的技艺制造了知识的混乱，迷乱无知者的心灵，而玩弄辞藻的智者的技艺也是这么一种

1. 如贡布里希就认为柏拉图反对绘画等的疾呼与后世“反对‘现代艺术’的疾呼”没什么两样。参见［英］E.H. 贡布里希《艺术与错觉 图画再现的心理学研究》，林夕、李本正、范景中译，浙江摄影出版社1987年版，第152页。
2. 参见柏拉图《柏拉图全集》（第三卷），王晓朝译，人民出版社2003年版，第28页。

不诚实的恣意的模仿[1]，（《智者篇》268D）艺术的视错觉产生幻象，混淆了真与假的边界，因此作为一种“伪饰”的、不能反映真的知识，被钉在了“伪知识”的“耻辱柱”上。[2]与智者一样，艺术也成为柏拉图理性世界所要排斥的。柏拉图选择信任人体这个自然产物的完美和善。[3]

但是，哲学家同时意识到，绘画、雕像中的这些新手法在提供所谓关于对象的“伪知识”的同时，也围绕绘画、建筑等本体形成了基于感官的新的专业性知识。例如，在实际的神庙建造中，建筑师对于视觉效果的追求并非背离理性，相反，他们强调要通过严密的数学推理来实现视错觉弥补。他们强调“在产生视错觉的地方，就要用推理来补偿”，也就是通过增加模数的比例来“弥补眼睛失

---

1. 参见柏拉图《柏拉图全集》（第三卷），王晓朝译，人民出版社2003年版，第82页。
2. 参见［英］E.H. 贡布里希《艺术与错觉 图画再现的心理学研究》，林夕、李本正、范景中译，浙江摄影出版社1987年版，第152页。
3. 在《会饮篇》中，柏拉图指出，人体美是趋向理念美的第一步，女人体在一定程度上成为人体美的典型代表。但真正的美既不是一双手、脸或身体的一部分，也不是话语或知识，它不存在于动物、大地、天空等事物上，它不生不灭，不增不减、无始无终，“它自存自在，是永恒的一，而其他一切美好的事物都是对它的分有”。（《会饮篇》211B）人们可以从个别的美开始探求一般的美。这里面有美的进阶，个别形体美—所有形体美—体制之美—知识之美—以美本身为对象的学问，则人类可以看到美本身。（《会饮篇》211C）参见柏拉图《柏拉图全集》（第二卷），王晓朝译，人民出版社2003年版，第254—255页。

去的东西，并以此满足视觉上的愉悦”[1]。显然，当时的艺术家明确遵循着技艺的数理性规定，对先定规则的改良和变革也是基于严密的数理推理的。[2]尽管十分厌弃这类艺术远离真实世界，批评它们只能通过模仿制造“虚假”形象，但具体到技艺范畴上，柏拉图不得不思考这类知识的合法性问题。特别是后期，柏拉图似乎对艺术问题有一个明显的态度改变，在一定程度上对视觉艺术对“真”的变形表示了默许。

首先要解决的问题是模仿的本质。在《智者篇》中，柏拉图扩展了模仿的含义，将其从《理想国》中的纯粹负面定位，提升为一种制造形象的生产和受神性引导的行为。他指出，技艺与模仿是归属不同的关联层。自然是技艺的产物，是“神的技艺的生产”[3]，（《智者篇》265E）其生产是带有理性和先验性知识的[4]；（《智者篇》266B–C）人的制作是模仿，其模仿要依赖特定技艺才能完成，因此“模仿确实是一种生产，只不过它生产的是影像，如我们所说，而非各种原物”[5]。（《智者篇》265B）模仿是人之制造在模仿神性原

1. [古罗马]维特鲁威:《建筑十书》(典藏版)，[美]I.D. 罗兰英译，陈平中译，北京大学出版社2017年版，第109页。
2. 参见[古罗马]维特鲁威《建筑十书》(典藏版)，[美]I.D. 罗兰英译，陈平中译，北京大学出版社2017年版，第三书第十章。
3. 柏拉图:《柏拉图全集》(第三卷)，王晓朝译，人民出版社2003年版，第78页。
4. 参见柏拉图《柏拉图全集》(第三卷)，王晓朝译，人民出版社2003年版，第78—79页。
5. 柏拉图:《柏拉图全集》(第三卷)，王晓朝译，人民出版社2003年版，第77页。

物，也是影像向原物的模仿，模仿这一行为是人类制造不可或缺的一个途径。技艺的根本是神工制造，模仿的根本是人的制造，但模仿不只是简单地被动仿制，其背后的动力是对真理的一种趋同方式。[1]绘画中的形象就是以人的实物制造为前提而存在的一种虚假，但这种虚假并不是毫无地位，它在存在物中拥有特定位置。因为其中借助了技艺这一途径，艺术的模仿不论所呈现物象是原物还是相似物，都指向了神性的真理性。简言之，艺术模仿幻象的技艺也是拜神所赐，因此艺术的“模仿”同样是在向真理趋同。柏拉图将模仿艺术这一命题纳入了他的本体论哲学体系。

其次要解决标准和尺度的问题。柏拉图发现，即便是突破规则的事物，只要有衡量标准的存在，就会存在规则与适度之间的辩证关系。在晚期名篇《政治家篇》中，柏拉图通过比较政治技艺与纺织技艺论述了“适度”问题，提出了两个相关联的命题：“第一，技艺存在；第二，过度与不足的可度量性不仅相对于不同事物而言，而且也意味着标准或适度的实现。如果第二种意义上的尺度存在，那么技艺也存在；反之，如果技艺存在，那么第二种意义上的尺度也存在。否定了其中的任何一个，也就否定了二者。”[2]国内学者尹德辉将这一辩证关系总结为一种关于“技艺”本体论的哲学陈

---

1. 参见陈中梅《柏拉图诗学和艺术思想研究》，商务印书馆1999年版，第269—270页。
2. 柏拉图：《柏拉图全集》（第三卷），王晓朝译，人民出版社2003年版，第130页。

述。[1] 而在接下来的对话中，客人又由适度原则对度量的技艺做了区分，一种是要“以相对的标准去测量事物的数目、长度、宽度、厚度的技艺”；另一种是“与特定场所、时间、运作有关的技艺，各种标准在这些时候已经消除了它们极端的边界而趋向于中度”，（《政治家篇》284D–E）并强调两者间有极大的差异。[2]

在塔塔尔凯维奇看来，柏拉图的技艺标准和适度问题，其实继承自毕达哥拉斯，因为其中突出强调以几何和数学为基础的、运用计算和尺度来制作的技艺（与只为经验或直觉所引导的艺术相对照），意在可靠地履行艺术于真善美的功能。而且，这种艺术不只是为数学计算自身而存在，而是考虑到目的的那种计算，有了这种预期的目标与所追求的利益的计算，才是一种卓有成效的艺术，也就与随意的制作形成了完全的区分。也就是说，柏拉图通过“适度”这个范畴，既给新的技艺的不断生成留下了一定的理论空间，又不抛弃技艺之数理的、逻各斯的规则性内核。

最后，柏拉图还承认技艺自身是不断进步的。在《大希庇亚篇》的对话中，苏格拉底与希庇亚都承认技艺是进步的，包括艺人的技艺和智者的技艺，都在进步，都会超越古代旧制。[3]（《大希庇

1. 参见尹德辉《艺术哲学视野下的古希腊“技艺”思想研究》，博士学位论文，山东大学，2017年，第80页。
2. 参见柏拉图《柏拉图全集》（第三卷），王晓朝译，人民出版社2003年版，第130页。
3. 柏拉图:《柏拉图全集》（第四卷），王晓朝译，人民出版社2003年版，第27页。

亚篇》281D）如此，作为技艺之属类的各门艺术，其中对新规则、新技艺的发现和追求就是合理而正当的。

一方面追求一种永恒真理的普遍性，一方面包容新生专业知识的创造力，柏拉图赋予技艺理论的弹性和张力，使得其基于城邦政治和道德理论的艺术定义颇为含混，前后不一。但可明确的是，通过技艺这一概念，柏拉图为艺术规定了一个崇智传统。技艺性知识不仅与道德伦理、政治哲学等实践性知识相关联，而且与纯粹理性知识相通，具有向真理逼近的驱动力，在其本质上具有自我完善或自我矫正的潜质与能力。因此，尽管柏拉图本人受制于他的完美国家和幸福人生的政治伦理观，对部分形象突破事物原有逻各斯的艺术革新流露出不屑情绪，常以悲观色彩的理论阐述排除艺术的创新内容，但最终在后期的论述中，他通过对技艺理论的不断发展和其思想体系的不断扩容，使其关于艺术的理论言说与古希腊艺术的发展走向保持了基本的平行，即认可追求新规范的理想主义艺术在突破旧法则的同时，依然沿着技艺所规定的逻各斯道路，不断完成对其自身特殊的专业知识的精进和理论化。

综上可知，柏拉图并不始终是艺术的否定者或保守主义者，相反，后期的他简直要倒戈为新秩序的“护航者”。退一步讲，如果从哲学层面看，柏拉图后期关于模仿、标准和适度问题的论述还不能被全然视为对艺术革新事实的妥协或让步，那么至少这种矛盾为艺术模仿论在后世的发展铺就了道路。而从艺术思想史角度看，柏拉图通过这些问题所整合扩容的技艺概念进一步强化了艺术对真理的趋同宿命，驱动了艺术知识体系自身的不断更新和创造，形成了一种严正广阔而富有生机的理论特性，实现了与其时艺术演进规律的两相契合。无怪乎温克尔曼会感慨："希腊雕像上高贵的单纯与静穆的伟大，同时也是鼎盛期，亦即苏格拉底学派的希腊著作的真正特征。"[1]

这提醒我们，今天在理解柏拉图对其时各类艺术的诸多评价时，不能混淆两类不同的知识体系：一类是依据想象所造出的作品意象；一类是技艺自身所引发的艺术原理阐发。前者的叙事基础是对世界的想象和情节充实；后者的制作基础是科学性知识（如对几何、透视光学等知识的掌握或直觉）。前者的价值被柏拉图赋予高度的道德伦理和终极秩序的哲学要求，这些要求使得柏拉图在早、中期的艺术论述中呈现为一种功能性存在；后者的要义在于，它作为一中间通道，将科学性的知识与技术性操作勾连起来以证实技艺的道德伦理及终极秩序的可能性，这些理论更多出现在其后期的对话中，柏拉图从对艺术的反对态度似乎转变为对艺术原理进行推论，艺术在其思想体系中呈现为一种本体性的存在。两类知识体系同样重要，不可偏废其一。

---

1. [德]约翰·亚奥希姆·温克尔曼：《希腊美术模仿论》，潘襎译，中国社会科学出版社2014年版，第82页。

关于古希腊时期的艺术趣味和特性，过去研究往往将其定位为一种美学的追求，忽略了艺术作为知识体系的一部分可能发挥的思想史作用。艺术家们是完美城邦必不可少的构成者，他们的技艺是与智慧、真理相关联的知识板块，而不仅仅是关于美的阐述与表现。虽然他们的作品考虑到了视觉等感官需求，但更多的是遵循有机形式和公式化形式的规则，仅在一定的范围和程度上进行灵活的调整，这一点在上述艺术实践和柏拉图的艺术论述中都可以证实。当代的不少美学研究没有看到这一点，强制将这种关于艺术创制的内容与关于美的思想捆绑在一起，造成了相当多的话语错置。

还需指出，在现代美学和美的艺术观念的解读下，尽管现代理论中对作为规则性质的技艺所能激起的艺术心理有较深刻的认知[1]，但整体看，将技艺与艺术概念相分离，也导致柏拉图的技艺在现代理论中被割裂，技艺被挤压至单维度的纯粹技术性价值层，同时将

1. 在反对技艺的论述中，科林伍德认为希腊人的技艺有三类：制鞋、木匠等生产某类人工制品，种植或畜牧等生产非人性的有机体，以及医疗教育战争等将人引入某种肉体或心理状态，这三种技艺的真正目标都是产生一种心理状态——它们都是“把人类引入某种希求状态的具体途径”。他认为，诗人也同样是出于这种目的而生产，凭经验和规则等诗的技艺在人们身上产生某种心理状态，而这也是此后贺拉斯写作《诗艺》的思想来源，因此，有关绘画技艺、雕刻技艺等问题的诗性特征，在后世能被普遍接受也就在意料之中。绘画和雕刻等技艺与诗性艺术的内在关联就在于它所引起的心理状态。[英]罗宾·乔治·科林伍德:《艺术原理》，王至元、陈华中译，中国社会科学出版社1985年版，第19页。

柏拉图的艺术观念围困在道德、精神的高端理论层，失去了与具体艺术活动的关联。但是，艺术作品的存在与风格样式有力地为柏拉图艺术观中的技艺性原理标准提供了实物性证据。可以说，正是追求更加完美之艺术原理的精神意志和向真理趋同的确定性知识的技艺概念合力，造就了希腊艺术的辉煌。柏拉图正是这一时代思潮和艺术风尚的言说者。

# 第八章

# 柏拉图与西方艺术史上的崇智传统

在技艺性的概念内涵下，柏拉图将 τέχνη 界定为各类专业知识，其核心要素是各专业的原理和逻各斯。如在《伊安篇》中，柏拉图强调诵诗的技艺和御车的技艺不同，并指出“区分技艺的标准在于，一门技艺是关于某一类事情的知识，另一门技艺是关于另一类事情的知识”[1]。另外，柏拉图又强调技艺是受普遍性知识统摄的。他认为：政治家、诗人和工匠这三类人皆拥有一定的专业技艺，是分别属于各自领域的一种特殊的知识，但这三类人群皆未达到真正的智慧，均存在着各自的缺陷。真正的智慧是具有神性的普遍性知识，是能够洞悉其他全部专业的知识，而不只是某种专业技艺，技艺并不是最高的知识或曰智慧。[2]

柏拉图还强调普遍性知识与专业知识间的内在互动。“在所有的技艺中，相同的技艺使我们知道相同的事情，另一种技艺则不能

---

1. 柏拉图:《柏拉图全集》(第一卷)，王晓朝译，人民出版社 2002 年版，第 309 页。
2. 参见孙晓霞《柏拉图技艺理论的本质、内核、分类及艺术学启示》,《艺术百家》2020 年第 4 期。

使我们知道相同的事情，如果的确有另一种技艺，那么它一定会使我们知道其他事情。”[1]（《伊安篇》538A）这里相同的知识指几何、算术等；不同的知识倾向于绘画、雕刻、诗歌等具体艺术的内容。御者、画家、医生们所拥有的技艺不能使我们知道相同的事情，它们都是一种独特的知识。[2]几何、算术这些属“自由”艺术，它们是一种可以让我们知道相同事物的技艺，这类知识区隔于具体物的知识，但它们并不高高在上与现实无涉，它们与计量、测度等实用目的相关联时就见出具体的、经验性质的专门知识之价值。

同时，从现代艺术理论来看，当时“技艺”概念下的绘画、雕塑、戏剧、音乐等具体艺术行为虽受到柏拉图轻视[3]，但在他的知识体系中，这类知识的主要特征并不仅是单薄的模仿或创造，而是与政治、哲学、手工制作、医药等其他各类生产系统在知识方面拥有同一的技艺性特征，即追求理性规则主导的特定领域的专业知识及对这类知识的理论化。这一特性对后世艺术理论的发展影响深远。

---

1. 柏拉图:《柏拉图全集》(第一卷)，王晓朝译，人民出版社2002年版，第309页。
2. 参见柏拉图《柏拉图全集》(第一卷)，王晓朝译，人民出版社2002年版，第310页。
3. 参见[法]让－伊夫·戈菲《技术哲学》，董茂永译，商务印书馆2000年版，第37页。

## 一、亚里士多德的继承与发扬

与柏拉图那极富戏剧性的、带有诗意的哲学论述方式截然不同，亚里士多德简直是一位严谨的科学体系的组建者，他将全面的科学引向推导演绎的范畴，同时又赋予了形式和质料的形而上意义[1]，这为他赢得了无上的思想荣耀。作为一个新的世代，亚里士多德不仅放弃了柏拉图带有浪漫气质、建立在主观上，甚至是神秘的哲学思辨方式，转而“对客观世界进行冷静的客观的科学分析”[2]。在艺术理论方面，亚里士多德的论述走出了迷狂说与灵感说的“迷思”，将思想立足于现实的存在，其关于技艺与艺术的理论更为清晰而理性，论述更加集中而明晰。

亚里士多德头像

（https://en.wikipedia.org/wiki/File:Aristotle_Altemps_Inv8575.jpg）

就艺术的概念史而言，亚里

1. 参见苗力田主编《亚里士多德全集（典藏本）》（第七卷），中国人民大学出版社2016年版，第163、164页。
2. 朱光潜：《西方美学史》，人民文学出版社1979版，第66页。

士多德同样重视技艺问题，他强调自然或神都是一个“技艺家”，任何事物的形式都是技艺的创造，自然与技艺之间的关联带有一种神秘主义的内在统一性，但是，技艺作为物的创造，在人类的知识系统中有一个固定的位置。“任何受人控制的有目的的生成、维系、改良和促进活动，都是包含 tekhnē 的活动。”[1] 技艺与自然内在的规律一样，是依照一种真实的律则来运行的，知识可以通过后天学习而为人所掌握，技艺因此与那种源生于自身的自然一样，拥有可靠的规定性知识属性。因此，艺术活动中的人类可通过技艺这一带有创造意涵的模仿行为来创造出完美的形式。在亚里士多德的知识体系中，技艺与修辞学等学科同归一类，都属于创制类。作为创制的一种，技艺是拥有理性知识空间的生产创制，它一方面与知识相关，一方面又与生产相关，同时还有伦理层面的功效，更重要的是它受到理论类知识（即形而上学）[2] 的召引。显然，在亚里士多德的科学体系中，技艺概念同样是一种特殊的智识性存在。

艺术模仿论的“模仿”行为在柏拉图思想中是一种纯粹生产的意指，亚里士多德将其提升到精神与灵魂层面的模仿，从而将柏拉图的模仿理论发扬到极致。但与柏拉图对于灵感激情所寄予的“通

---

1. 亚里士多德:《诗学》，陈中梅译注，商务印书馆1996年版，第234—235页。
2. 关于亚里士多德知识体系的后世类分与解读，参见［英］乔纳逊·伯内斯《亚里士多德》，余继元译，中国社会科学出版社1989年版，第55页；［澳］彼得·哈里森《科学与宗教的领地》，张卜天译，商务印书馆2016年版，第49—51页。

神”式的期待不同，亚里士多德更加轻视非理性的心灵，变本加厉地将灵感从诗歌中驱除，仅留下了技艺意义上的模仿性的诗歌，推翻了柏拉图借形而上的“神性”标准所区别开的艺术等级。围绕模仿，亚里士多德形成了一套新的艺术界定和分类标准。

亚里士多德把所有艺术（技艺）都归结为模仿，但强调了各门艺术所依赖的媒介、模仿对象及模仿方式不同。《诗学》开篇，亚里士多德特别提到了：“正像那些（或靠技艺，或凭工作经验）使用颜色和图形来模仿事物的人那样，与他们相比，有一些人则使用声音进行模仿。”[1] 他所提到的史诗、悲剧诗、戏剧、酒神颂、笛子演奏术和竖琴（*Lyre*）演奏术等类的技艺都是用节奏、语言和和声来模仿。乐器演奏用和声和节奏，舞蹈则用节奏来模仿人的性格、情感和活动，而史诗艺术只用语言来模仿，等等，尽管意识到了这些作为技艺的艺术之共性在于模仿，但亚里士多德没能完成对这些艺术的命名与定义，“这些艺术形式迄今未有合适的名称”，只是在其中强调了区分各种艺术的东西在于“摹仿的手段”。[2]“摹仿的事

1. 苗力田主编:《亚里士多德全集(典藏本)》(第九卷)，中国人民大学出版社2016年版，第641—642页。
2. 参见苗力田主编《亚里士多德全集(典藏本)》(第九卷)，中国人民大学出版社2016年版，第642—643页。

物，如绘画、雕塑、诗歌以及所有摹仿的逼真的作品。”[1]

事实上，亚里士多德强调的是“技艺摹仿自然”。依据这一标准，模仿这一行为使诗人成为诗人，模仿属于人的一种天生的学习能力（模仿并不是原封不动地仿制照搬），因此，绘画、雕塑、建筑与音乐、诗歌等艺术共同由自然的模仿而关联在一起。更重要的是，亚里士多德承认愉悦是由模仿的行为引发的，人们的喜悦来自模仿这一行为，而不是事物自身。在《修辞学》中，亚里士多德也肯定了模仿行为本身的智识价值，他认为同种事物的自然本性彼此一致，这是令人快乐的，诗歌、绘画、雕塑及所有模仿的逼真的事物，即便被模仿的原物并不令人愉快，但作品能够让人得出“这就是那事物”的结论[2]，能让人知觉到“被再造于这些作品之中的实在”[3]，这才是重要的，值得我们用心关注。

通过“模仿”这一技艺性范畴，亚里士多德为艺术打造了一个标准——自然。把制作艺术的本质放在模仿的概念里，而艺术模仿

1. 苗力田主编:《亚里士多德全集（典藏本）》（第九卷），中国人民大学出版社2016年版，第387页。
2. 参见苗力田主编《亚里士多德全集（典藏本）》（第九卷），中国人民大学出版社2016年版，第387页。
3. ［波］瓦迪斯瓦夫·塔塔尔凯维奇:《西方六大美学观念史》，刘文潭译，上海译文出版社2006版，第107页。

又是一种高度技术性的制作[1]，模仿依然是亚里士多德区分艺术的重要标准，但亚里士多德的艺术分类既偏离了柏拉图的道路，也不符合后世美学思想的主潮，在文艺复兴时期甚至遭到了当时新思想的激烈反对。"亚里士多德将古代美学思想引向了与现代美学不同的另一个方向。"[2]但是，从艺术概念角度看，亚里士多德的理论成为古代时期所有关于艺术分类的尝试中最重要的一个，其影响尤其在中世纪的艺术思想中得以彰显。

柏拉图与亚里士多德（拉菲尔《雅典学园》局部）
（https://owlcation.com/humanities/Compaison-of-Plato-and-Aristotle）

对照而言，以技艺为核心，柏拉图与其学生亚里士多德所建立的艺术概念都是广大的、有神圣意味的、通向真理的。在这个艺术概念

1. 参见[日]竹内敏雄主编《美学百科辞典》，池学镇译，黑龙江人民出版社1987版，第6页。

2. W. Tatarkiewicz, "A Note on the Modern System of the Arts", *Journal of the History of Ideas*, Vol. 24, No. 3 (Jul.–Sep. 1963), p. 422.

下囊括的知识门类贯穿了城邦社会生产的方方面面，从一般生产性技艺到伦理道德方面，技艺作为专业知识的概念属性涵盖了哲学、政治、诗学、城邦安全、建筑乃至绘画、雕塑、制鞋、造船等几乎全部人类生产活动。技艺的本质在此显现为一种朝向理性的实践原理。它既是抽象形而上理论连接实际生产性经验的纽带，也是理论知识与具体艺术结合的关键“节点”，这决定了柏拉图与亚里士多德的艺术概念中必然地、不可否认地带有“技术原理”的智识要求。就此而言，虽然亚里士多德要比柏拉图的论说在技艺与自然关系及技艺的本质等方面都有新的开掘和深入，但二人的技艺论说从根本上是没有内在分歧的，亚氏继承和发扬并坚固了技艺理论的知识地位。自此，智识要求和形而上追求成为西方古代艺术理论传统的基本品质。

## 二、神学时代的“自由七艺”和“机械七艺”

中世纪神学性质的艺术理论在很大程度上是建立在古希腊、古罗马人的思想传统上。古罗马文明和艺术精神常被诟病为缺乏审美精神和艺术创造力，但古罗马人在独特的社会精神和政治气质下，就自由艺术知识体系的构成形成了独具特色的理论基础。以自由艺术（liberal arts）为主导的学科体系占据了舞台的中央。最早提出自由艺术之概念的是瓦罗。瓦罗论述自由人教育学科的著作《九卷学科论著》(*Nine Books on the Disciplines*)也是拉丁语世界百科全书传统的发端，其中提出了九个艺术学科概念：文法学、辩证法、修辞学、几何学、算术、占星术、音乐、医药和建筑学。作为贵族精英知识体系的艺术概念被强化，此后在中世纪的基督世界中得到了进一步发扬。

站在历史交界处，圣奥古斯丁（Augustine of Hippo，354—430）对艺术概念的发展做出了重要贡献。他首次将自由艺术这套古典的异教知识纳入基督教义之中，形成了关于自由七艺的论述。在他的《论基督教教义》一书中，奥古斯丁出于对“7”这个数字之魔力的崇信，把瓦罗“九艺”中的医药与建筑学去掉，并以哲学来代替九艺中的占星术，形成语法、逻辑、修辞、几何、代数、哲学、音乐的“自由七艺”模式。奥古斯丁

圣奥古斯丁

The earliest known portrait of Saint Augustine in a 6th-century fresco, Lateran, Rome（https://en.wikipedia.org/wiki/Augustine_of_Hippo）

将“自由七艺”的知识用以教导基督教门徒辨清异教诗学和哲学谬误，逐渐形成了一套基督教知识分子的章程。[1] 这一世俗知识模式在中世纪的神学体系中持久地发挥着极其重要的基础知识功能，却绝少与现代“美的艺术”概念产生直接的关联。

在基督教义下的“自由七艺”概念长久地独领世俗知识体系，直到 12 世纪，这一情形开始发生改变。圣维克多·于格（Hugh of Saint Victor, 1096—1141）在自由艺术的对面设立了“机械艺术”这一新的概念。于格探寻上帝所引导的所有知识、所有人类行为，因此在包括所有知识学科的这种较为宽泛的意义上使用了“艺术”概念。基于这样一种智识理想，于格在“自由七艺”的知识系统对面安放了“机械七艺”：1. 编制；2. 装备；3. 商贸；4. 农业；5. 狩猎；6. 医学；7. 演剧。其中绘画、雕塑、建筑与其他的几类技艺一同被列入第二类“装备”的子系统中，这与它们各自所拥有的技术、材料及职业特性有关，如建筑师与石匠、木匠的职业相联系，而画家与药剂师相联系等。在此，七类机械艺术同样获得了哲学定位。顺应柏拉图的观点，于格认为存在着三类作品：上帝的作品、自然的作品、工匠的作品，“上帝的作品要从虚无中创造出来；自然展现出被隐藏起来的东西；工匠模仿自然，他的艺术是一种‘机械的’

1. 在此之后，提倡保留一种符合《圣经》同时包容自由艺术的教育模式的伟大推手之一是6世纪的卡西奥多（Flavius Magnus Aurelius Cassiodorus），篇幅所限，此不赘述。

艺术”[1]。由此，于格又在亚里士多德的知识分类基础上界定了理论的、实践的和机械的三类技艺的哲学根源。在他看来，七种机械性的技艺使人生活安逸，机械艺术是人类生活的必需[2]；艺术是如建筑这类在物质中得以实现，借由行动而发展的一类知识，从而“在某种程度上回归与艺术作为技艺的古代传统”[3]。

圣维克多・于格

（https://en.wikipedia.org/wiki/Hugh_of_Saint_Victor#/media/File:Hugostv.jpg）

虽然中世纪的“自由七艺”概念才是基础

1.［美］M.A.R. 哈比布：《文学批评史：从柏拉图到现在》，阎嘉译，南京大学出版社2017年版，第165页。

2. Jerome Taylor ed., *The Didascalicon of Hugh of ST. Victor, A Medieval Guide to the Arts*, Columbia University Press, 1991, pp. 84－91.

3. 陆扬：《圣维克多的于格美学考》，《河南师范大学学报》（自然科学版）1996年第1期。

知识中的主脉，但“机械七艺”概念及作为“装备”亚类的绘画、雕塑、建筑等门类在技艺体系现身，这说明，12世纪时哲学和智识的要求与价值已逐渐开始投射到与现代美的艺术门类相关的知识领域。也就是说，除传统音乐性的“缪斯”传统外，绘画、雕塑、建筑等相关门类的经验性知识开启了向主流知识领域迈进的演进历程，这为迎接文艺复兴艺术知识的理性化巅峰时期的到来做好了充分的准备。

## 三、文艺复兴时期的视觉艺术成为科学

众所周知，文艺复兴时期是人文主义的时代，其时的艺术理论特点是鲜有伟大哲学家的艺术思辨，却大量出现了艺术家（或至少是兼艺术家身份的人文主义者）对艺术理论的深度论说。这些论说一方面涉猎数学、几何学等自然科学知识，另一方面强调艺术的人文精神特质，同时开始广泛地探讨艺术间的统一性。其中艺术家对造型艺术的数理特性的发现和追求，不仅从知识层面提升了绘画等视觉艺术的地位，而且以此为原则强化了诸艺术门类的同一性和内聚性特质。

15世纪意大利佛罗伦萨的人文主义者莱昂·巴蒂斯塔·阿尔贝蒂（Leon Battista Alberti，1404—1472）是文艺复兴时期典型的“通才人物”（uomo universale），其三部著作《论绘画》（*Della*

阿尔贝蒂《论建筑》书影

（https://www.christies.com/en/lot/lot-5370941）

*Pictura*，初版于 1435）、《论建筑》（*De Re Aedificatoria*，1450 年前后）和《论雕塑》（*De Statua*，1464）是文艺复兴时期艺术理论走向体系性和学科化的奠基之作。在《论绘画》中，阿尔贝蒂指出，绘画之所以是至高无上的艺术，是因为它的规则和技艺是所有建筑家、铁匠、雕塑家、作坊和行会都必须尊奉的，而技艺和规则又是根源于大自然的数学知识所主导的。在写给菲利普·布鲁内莱斯基的前言中，阿尔贝蒂指出《论绘画》的“第一卷全是数学，揭示绘

画这一高贵而又美丽的艺术根源于大自然”[1]。其目的是向初学者介绍关于绘画的简单公理和基本原则，阐述了点、线、面、角与视觉、光学理论与视觉感应的关系。其主要的路径正是用数学理论解析绘画原理和基本规则等基础知识，“最杰出的画家必定是一位理解了可视面的轮廓及其各种属性的画家”[2]。他强调由于数学是抽象智慧，而绘画是感官化的智慧，所以自己不是一名数学家，而是一名用数学来说事的画家。他“告诫艺术家和赞助者们，绘画不是手艺，而是科学，画家必须了解几何学，掌握人体的比例和骨骼结构及大量知识”[3]。阿尔贝蒂所论述的艺术不再是装饰性的存在，而是通过阅读来学习历史和其他科学，以准确表现经典主题，引起人们的共鸣。显然此时的“画家们对自己的身份地位有了新的认知：他们认为自己是有知识、有想象力的人，他们在生活中的地位建立在其独特的视角和精湛的技术之上，而非在学徒身份上”[4]。这一崭新的、有精准知识和数理程序要求的艺术家身份定位在当时获得普遍认可。

---

1. [意]阿尔贝蒂:《论绘画》，胡珺、辛尘译，江苏教育出版社2012年版，第6页。
2. [意]阿尔贝蒂:《论绘画》，胡珺、辛尘译，江苏教育出版社2012年版，第1—23页。
3. [美]尤金·赖斯、安东尼·格拉夫顿:《现代欧洲史——早期现代欧洲的建立 1460—1559》，中信出版集团2016年版，第150页。
4. [美]尤金·赖斯、安东尼·格拉夫顿:《现代欧洲史——早期现代欧洲的建立 1460—1559》，中信出版集团2016年版，第150页。

如果说此前工匠群体所掌握的经验性知识是不确定的、概约性的，那么此时的艺术家们则在全力地投入一种确切的、精准的知识。莱奥纳多·达·芬奇（1452—1519）坚信绘画本身就是一门科学。在《绘画论》之诸艺比较的首论即“绘画是一门科学”。绘画这门科学是一种深奥的发明，是自然的合法的“孙儿”，是一门哲学，“因为它也研究物体的运动及动作的速度”[1]。为证实绘画科学的优越性，莱奥纳多集中对绘画与数学的联系展开论述。[2]在笔记中，莱奥纳多写道：“与数学毫无联系的科学是没有任何确定性。”[3]他认为任何轻视包含着研究对象真实信息的数学科学的人，都是自欺欺人，但他并不迷信于数学思维自身，而是强调数学方法的重要性。他指出，对于画家而言数学只能算是一种工具，而非目的。[4]借道数学知识的精准性，绘画等与自然哲学相关联的视觉艺术从曾经被排斥的工匠艺术之泥潭中挣脱出来，理直气壮地步入自由艺术的阵列。

同时在医学等自然科学知识的影响下，达·芬奇坚称绘画等视

---

1. 高建平、丁国旗主编:《西方文论经典(第一卷)·古代与中世纪》，安徽文艺出版社2014年版，第63—75页。
2. Leonardo da Vinci, *Paragone: A Comparison of the Arts*, Irma A. Richter,ed.,Oxford: Oxford University Press, 1949, pp.1–15.
3. [英]艾玛·阿·里斯特编著:《达·芬奇笔记》，郑福洁译，生活·读书·新知三联书店2007年版，第6页。
4. 参见[意]列奥纳多·达·芬奇《芬奇论绘画》，戴勉编译，人民美术出版社1979年版。

觉艺术高于诗歌、音乐等，并用了一个非常不可思议的类比：诗是盲人画，画是聋人诗，人们宁愿做聋人也不愿意成为盲人。毋庸置疑，这种感官比较背后是达·芬奇对医学和自然科学的精深理解。而其目的是证明绘画同历经两千年之久的音乐理论艺术一样，是一门拥有较高智慧的科学知识，且在身体感知层面更具有优越性。但是，出于种种主观原因，达·芬奇对雕塑这种同属视觉的艺术门类表示了不屑，其理由是雕塑并不需要与绘画同等高超的智慧：画家需要研究伴随光线的阴影，雕塑家则不需要；画家要细致研究光和影的正确数量和质量，雕塑的光影则得之于自然；绘画的透视是一门要求深奥计算和发明的数学研究，雕塑则不存在此问题。总而言之，雕塑的数学特征不充分，故而它只能算是一种简单的表现，无须太费心力。[1]绘画经验中的数理性特征与原则充当了达·芬奇无往不利的话语“武器”。

1550年佛罗伦萨产生了一部艺术史上的杰作——乔尔乔·瓦萨里著名的《意大利艺苑名人传》。该作品的问世全面改变了欧洲艺术知识体系的格局，后世誉其为欧洲艺术史的幸运之神。[2]瓦萨里认可建筑、雕塑、绘画三门艺术的共源和同质，并在意大利艺术

---

1. 参见[意]莱奥纳多·达·芬奇《绘画论》，[法]安德烈·夏斯泰尔编译，邢啸声译，湖南美术出版社2019年版，第101—107页。

2. W.K.Ferguson, *The Renaissance in Historical Thought : Five Centuries of Interpretation*, The Riverside Press Cambridge, Houghton Mifflin Company, 1948, p.59.

乔尔乔·瓦萨里

《意大利艺苑名人传》

（https://en.wikipedia.org/wiki/Giorgio_Vasari#/media/File:Vite.jpg）

的黄金时代为艺术创造了一种全新的、专业化的历史书写模式，在自由艺术的话语领地确立了三门造型艺术的独特地位，对后来整个艺术理论的研究都产生深远影响。其在艺术史方面的历史贡献在于以时代特征为背景，对 14、15、16 世纪的 200 多名知名艺术家进行风格厘定；而在学科史方面，瓦萨里的成就更是至为关键。

当时，一方面有绘画与诸门艺术间的根本差异和地位高下（如前述莱奥纳多·达·芬奇），另一方面有不少关于诸艺术共性的思考。但瓦萨里卓然而立，基于几何学的应用特性发掘出视觉艺术间的共性。他认为：“绘画和雕塑是一对孪生姐妹，它们拥有同一个父亲——构图（design）。它们同时降生，彼此并无先后之分。”雕塑和绘画之间会存在艺术家个体的能力差异，但不存在高贵程度的不同，二者各具优势，但价值与意义势均力敌。“绘画和雕塑是被同一个灵魂主宰”[1]；而建筑是人类“最普遍、最必要、最实用的东西”[2]，它对其他两门艺术有补充和改进的功用。建筑、雕塑和绘画是三门最优秀的艺术，它们共同的本源和基石在于构图。以“构图”这一几何性质的知识为原则，瓦萨里以当时已趋近于科学的技艺概念为根基，将中世纪的自由七艺理论与人文主义的文学批评传统糅合在一起，浇筑出视觉艺术历史的早期写作模式，成为后世较长一段时期内的艺术史蓝本。

同样，这种基于技艺与数的智识传统渗透在知识体系的生成中，在文艺复兴时期与“人文”精神汇合，出现了新的意涵，如“大百科全书”一词 encyclopedia 就是来源于 kyklos（圆形、球体）与 peideia（人性）的结合。这类思想还影响到建筑艺术的构成，仅举一例，文艺复兴时期出现了不少的圆形教堂，其意图是：“圆形神殿的外围结构，必须让人感到找不到头，也分不出尾，每一部分都和其余部分难以区分，但又互相辉映形成一个整体；另外，各部

1.［意］乔尔乔 · 瓦萨里：《意大利艺苑名人传——中世纪的反叛》，刘耀春译，湖北美术出版社、长江文艺出版社 2003 年版，第 15 页。

2.［意］乔尔乔 · 瓦萨里：《意大利艺苑名人传——中世纪的反叛》，刘耀春译，湖北美术出版社、长江文艺出版社 2003 年版，第 16 页。

多纳托·丹杰洛·布拉曼特，坦比哀多，蒙特里奥圣彼得教堂，意大利罗马，1502年
（［美］弗雷德·S. 克雷纳、克里斯汀·J. 马米亚编著：《加德纳艺术通史》，李建群等译，湖南美术出版社 2013 年版，第 507 页）

分到中心的距离必须等长，这样的结构才能完美地诠释上帝的和谐、无穷、均匀性和公正。”[1] 圆形建筑中所体现的这种神性意指其实隐含着另一重传统，即自中世纪以来所建构的以技艺为根基的艺术智识传统与神学教义的完美融合。

及至文艺复兴尾声，17 世纪的欧洲步入了科学革命的世纪，意大利的文化中心地位由法国接手，意大利文艺复兴时期所确立的艺术观念和倾向被巴黎承续并转化为启蒙运动的新文化样态，引领了欧洲乃至整个世界的思潮。但是，由于 17 世纪并没有固定下来的纯艺术范畴，艺术的概念发展还处在不断曲折、反复过程中，关于艺术自身知识特性的论说还未能跻身主流知识的体系。不过，在新科学和新方法的刺激下，各门艺术理论正逐渐从其他领域的知识中独立出来，艺术作为独立理论体系的思想意识悄然萌发。

以笛卡尔为代表的理性主义与以培根为首的经验主义的思想脉络，都强调精确性的知识原则。经验主义与理性主义两种方法结合起来，最大范围地解决着所有可能存在的问题[2]，自然科学在二者的互动刺激下得以革新。当时的知识分子坚信“自然科学掌握着创建

---

1. Rudolf Wittkower, *Architectural Principles in the Age of Humanism*, New York: W.W. Norton & Company, 1971, p.21.
2. 参见 [ 美 ] 洛伊斯 · N. 玛格纳《生命科学史》，刘学礼译，上海人民出版社 2012 年版，第 106 页。

一种关于人类行为和人类建制的科学的钥匙”[1]。正是在这样一个自然科学滥觞的思想背景下，古希腊思想中那种将艺术（技艺）作为专门知识的概念传统得到了充分的发扬。关于技艺、自由艺术、机械艺术等类概念的思考中开始充溢着逻辑的、思辨的、有条不紊的、清晰定义和有效定理等理论要求和趋向。艺术理论走向了一种学理化的表述方式。集合在理论化的艺术概念下，手工技艺和纯粹艺术两重含义开始分离，二者各自的价值虽然还未被充分认识到，但对作为机械的、可操作性的、数学程序化的技艺的艺术定义与作为发明的、精神的、情感的等现代艺术意识正以各自迥异的视角和路径迈入哲学与科学的领地。

## 四、启蒙时代艺术的理论化

17 世纪标立的诸多新概念刺激着 18 世纪人的话语神经。激情、灵感、想象、幻想、天才、情感等概念在艺术的知识体系中得到普遍化；与此同时，包括思想、制度、宗教等在内的人文社会科学系统研究也在努力寻求一个新的共源和标准。如 1725 年詹巴蒂斯塔·维柯（Giambattista Vico，1668—1744）出版《新科学》（*La*

1.［美］I. 伯纳德·科恩：《自然科学与社会科学的互动》，张卜天译，商务印书馆 2016 年版，第 193—194 页。

*Scienza Nuova*)，第一版原名为《普遍法律和单一目的》[1]，带动了学界对各类知识之间的个性、联系、共性及本源的考察。正是在这一风潮下，现代艺术的相关理论被极速推进，而美的艺术概念负载着艺术领域几乎全部的理论兴致，成为新的叙事焦点和话语能量场。

理论化叙事的滥觞意味着艺术本体问题开始在全新的思想秩序中得到审视和重估。后人常嘲笑16、17世纪的"体系癖"(esprit de système)，而对18世纪的人来说，如何超越体系癖，将体系精神(esprit systèmatique)发挥出来才是理论的使命。这时的思想界不仅从哲学出发追求艺术的单一原则，如巴托、达朗伯，也用哲学方法探索鉴赏力的第一原理，如鲍姆嘉通和康德。哲学不再局限于纯思维领域，而是信仰思维自发的独创性，即产生秩序，而不是分析和解剖既有的必然的秩序。[2] 从传统的模仿自然到新晋的想象力、创造力、趣味、情感等新概念、新范畴交织混杂，各色理论皆旨在为艺术设定一个各门类共有的原则和统一基础，以证明艺术与科学的泾渭之别。但是，过于密集的理论言说也带来了思想的含混与纷扰。此时不仅有前述众多关于各门艺术的比较与共性的考察，也有如沙夫茨伯里关于美和鉴赏的思考，艾迪生论想象的愉悦与艺术的关系及哈奇生关于艺术趣味与道德的论说，等等，这些正是促使夏尔·巴

1. 参见朱光潜《维柯的〈新科学〉简介》,《国外文学》1981年第4期。
2. 参见[德]卡西尔《启蒙哲学》"序"，顾伟铭等译，山东人民出版社2007年版。

托（Charles Batteux，1713—1780）提出艺术分类体系的话语前景。

虽然当时关于美的艺术的说法已经相当普遍了，但巴托对此并不以为然。在他看来，大多数关于美的艺术的研究都是“装腔作势的，缺乏准确性或精练性的”[1]。很多作家自以为准确地理解了诗歌，将诗歌理解为绘画、音乐和雄辩术的结合，或者将诗歌夸耀为能直达真理、进入哲学、理解宇宙与自然、创造新世界、创造美好与善意、在灵魂面前创造幻觉等，但这类描述“都过于浮夸，都把偶然当作本质，利用了题材模糊性，而没有形成一丝不苟的定义”[2]。在巴托眼中，艺术体系应该有一个万变不离其宗的规则，这

夏尔·巴托《划归为单一原则的美的艺术》插页
（https://en.wikipedia.org/wiki/Charles_Batteux）

1. Charles Batteux, *The Fine Arts Reduced to a Single Principle*, James O. Young translated, Oxford: Oxford University Press, 2015, pp.1–2.

2. Charles Batteux, *The Fine Arts Reduced to a Single Principle*, James O. Young translated, Oxford: Oxford University Press, 2015, pp.1–2.

个建立在理性基础上的单一规则应该能成为其他理论的根本和总结[1]；由此诗歌也只是美的艺术的一个种类。巴托希望以一种科学理性的方式开发一个系统，简化路径，即从真正的原则出发，并通过证实此原则来驳斥那些关于美的艺术的不严谨言论。夏尔·巴托雄心勃勃地要创造一个更具权威的理论体系，以令众人信服。1746年《简化为单一原则的美的艺术》出版，此书不仅令他一举成名，也使得“美的艺术”的概念和体系一时间稳定了下来。借助古老而严正的艺术模仿论，巴托在模仿美的自然原则下将诗歌（文学）、绘画、雕塑、音乐和舞蹈五大艺术门类统一为一个有机体，为艺术范畴打造了一个“不可简化的核心”[2]。至此，艺术理论形成了克利斯特勒概括的“现代艺术体系”。巴托对于艺术理论的革新性贡献不容置疑。

鲍姆嘉通（Alexander Gottlieb Baumgarten，1714—1762）同样关注艺术和美的问题，并将它们作为美学的属性之一，但他的路径与巴托截然不同。鲍姆嘉通仍使用旧的自由艺术（liberal arts）这一概念，并以其作为知识的基本形式和美学构建的基础。1735年，仅21岁的鲍姆嘉通在向哈勒大学提交的拉丁文博士学位论文《诗

1. Charles Batteux, *The Fine Arts Reduced to a Single Principle,* James O. Young translated, Oxford: Oxford University Press, 2015, preface. l x v i i i .

2. Paul Oskar Kristeller, “The Modern System of the Arts: A Study in the History of Aesthetics ( II )”, *Journal of the History of Ideas*, Vol. 13, No. 1 ( Jan. 1952 ) , pp. 17－46.

的哲学默想录》中初次形成拉丁语的“感性学”（Äesthetica）定义；1739年，在拉丁文版的《形而上学》中再次辨析了“感性学”的概念。[1]

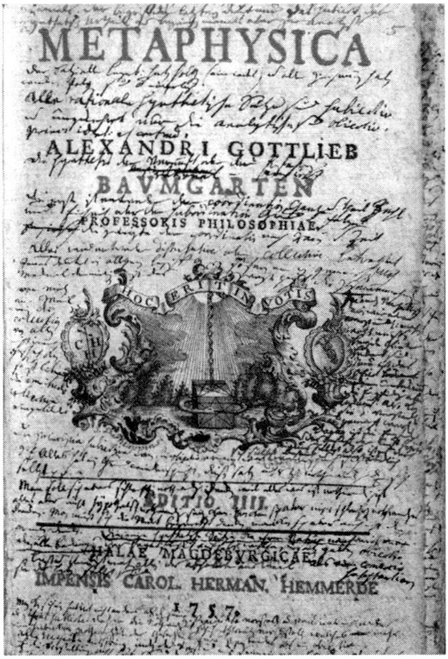

鲍姆嘉通拉丁文版《形而上学》插页

（Alexander Baumgarten, *Metaphysics: A Critical Translation with Kant's Elucidations, Selected Notes and Related Materials*, Translated and Edited with an Introduction by Courtney D.Fugate and John Hymers, Bloomsbury Publishing Pie, 2013）

1750年，鲍姆嘉通的《美学》第一卷出版，1758年第二卷出版（第三卷未完成）。与巴托在古典模仿论中寻求美的艺术合法性的研究范式不同，鲍姆嘉通把美学作为一门与逻辑学对等的严谨“科学”，试图将其纳入“自由艺术”的阵列，显然他的最终目

---

1. Alexander Baumgarten, *Metaphysics: A Critical Translation with Kant's Elucidations, Selected Notes and Related Materials*, Translated and Edited with an Introduction by Courtney D.Fugate and John Hymers, Bloomsbury Publishing Pie, 2013, p3.

标并不仅是“美的艺术”，而是占居主流知识体系的自由艺术。不过鲍姆嘉通并非完全的保守主义者，他以“美的艺术”来指代美学这门科学，把“美的艺术”作为一门对各门艺术理论进行再研究的学说，置于所有艺术理论之上，以其作为最高法则来统领各门艺术理论。如此一来，他就通过感性这一路径，以“美的艺术”概念替换了原定的自由艺术之目标。

鲍姆嘉通直接将美的学说作为一门高于各技艺理论的“美的艺术”来看待，也就是作为一门统领各门技艺理论的专业知识来强调，方才有了将其与逻辑学一起纳入哲学体系的可能，美学也得以与美的艺术理论互通。可以说，鲍姆嘉通对自由艺术、美的艺术、美学、科学等诸多概念的使用都甚为模糊，甚至保留了许多中世纪知识的痕迹，但他从科学的视角将美学作为一种低级的认识论与理性相对应乃至对立起来，通过逻辑演绎来解决美的艺术概念在知识系统中的身份问题，将美的艺术问题引入哲学领地，从而奠定了现代美学的审美自律论的基底。一如竹内敏雄所言，鲍姆嘉通最早将美学作为哲学体系的一部分，明确美学的固有对象和实质性内容，奠定美学的科学基础，这正是他的功绩。[1]

1. 参见［日］竹内敏雄主编《美学百科辞典》，池学镇译，黑龙江人民出版社1987年版，第19页。

AESTHETICA

SCRIPSIT

ALEXAND. GOTTLIEB

BAVMGARTEN

PROF. PHILOSOPHIAE.

*TRAIECTI CIS VIADRVM*

IMPENS. IOANNIS CHRISTIANI KLEYB

CIƆIƆCCL.

鲍姆嘉通的《美学》书页

（选自 Alexander G. Baumgarten, Ästhetik, trans. Dagmar Mrib-ach, Felix Meiner Verlag GmbH, Hamburg, 2007, p.1）

在反对鲍姆嘉通的理论基础上，康德提出了天才艺术概念，引导艺术从哲学层面走向真正的自律。1790 年康德推出的第三大批判《判断力批判》从自由艺术的概念传统出发，提出了审美判断无目的的合目的性，确立了一种自律的现代艺术观。康德用不大的篇幅区分了艺术和美的艺术两个概念，将天才和想象力概念与艺术问

康德

（https://europa.eu/youth/nnfe/immanuel-kant_en）

题统一起来，赋予艺术新的本质。康德认为艺术的天才就是“一个主体在自由运用其诸认识能力方面的禀赋的典范式的独创性”[1]。天才的特点在于有恰当的想象力，但是天才的想象绝不是肆意妄为毫无拘束的，相反“想象力的独创性（不是摹仿性生产）如果与概念合拍，就叫作天才”[2]，否则就是狂热。真正属于天才的领域是想象力的领域，想象力是创造性的，比别的能力更少受到规则的强制。但是，任何艺术都需要某种机械的基本规则，这些规则是产品对相配的理念的适应性。这些规则是要以模仿的方式，经过严格学习才能掌握的。即便是想象力也得受此规约，如果把想象力从这种强制下解放出来，毫无规则地乱冲乱撞，那么这种疯狂的原创并不是典范性的，因此也不是天才。[3]反过来看，在对天才的论证中，康德认为天才具有的是“给艺术提供规则的才能”[4]；但天才并不遵循他人给出的规则，而是有一种如同自然一样来创造新的东西的心理倾向，是自然给艺术提供规则的通道，美的艺术只有作为天才的作品才是可能的，这正是艺术能够实现无目的的合目的性的根本。天才

1. [德]康德：《判断力批判》，邓晓芒译，人民出版社2002年版，第163页。
2. 李秋零主编：《康德著作全集（典藏本）》（第七卷），中国人民大学出版社2013年版，第165页。
3. 参见李秋零主编《康德著作全集（典藏本）》（第七卷），中国人民大学出版社2013年版，第219页。
4. [德]康德：《判断力批判》，邓晓芒译，人民出版社2002年版，第150页。

受约于规则，又创造规则，而这一规则的至高境界是自然。在哲学化的过程中，康德的美的艺术概念依旧笼罩着浓重的理性气息与规则要求。

同时，还要注意到的是，来自技艺概念的智识传统和要求在18世纪的工艺领域发挥出了极为重大的影响力。1777年J. 贝克曼（J.Beckmann）在德国出版的《工艺指南》对工艺进行了重新界定："工艺是教授自然物产加工处理和技能知识的科学。它不是仅仅在车间里告诉人们应该如何领会师傅的指令和经验制造商品，而是给予一种深化了的知识，并遵循一种系统化的程序，以便从那些真实的原理和可靠的经验开始，找到达到这种最终目的的手段，并解释和利用在加工处理中产生的各种现象。"[1] 戈菲认为贝克曼的这一定义的核心在于对技术过程进行系统而合理的研究，这一定义对立于通常那种将工艺定位为一种技术的特殊形式——应用科学——科学的技艺。

在建筑这个注重数学的特殊艺术门类中[2]，智识的要求也进入了

1. 转引自［法］让-伊夫·戈菲《技术哲学》，董茂永译，商务印书馆2000年版，第26页。
2. 奥托·帕希特认为建筑是具备准数学秩序的一种艺术，其"艺术的不可衡量和难以估计与数学的最精确的确定性和可测量性相遇并结合"。在《美术史的实践和方法问题》一书中，奥托大量地论证了建筑之所以成为艺术，却又不同于再现性艺术的特殊性的问题。参见［奥］奥托·帕希特《美术史的实践和方法问题》，薛墨译，商务印书馆2017年版，第45页。

新的阶段。在 1751 年狄德罗和达朗伯主编的《百科全书》中，建筑条目发布于第一卷，由巴黎著名的建筑大师布隆戴尔（Jacques-François Blondel，1705—1774）撰写。该条目首句就提出“建筑就是建造之艺（art）”，这令我们确信，艺术在当时仍然是以技艺含义为主体的一类知识。该词条以埃及建筑的对称和比例为肇始，以古希腊和罗马的建筑中的秩序为典范，历数哥特式建筑的弊端，认为是西哥特人摧毁了美丽的古代遗址，将建筑简化为野蛮，放弃了比例、惯例和准确性等。作者内心所崇敬的仍是古代建筑的简单、美丽和比例，他认为当时的建筑应该摹仿和遵循古代建筑的律则。民用建筑的分类依据有根据时代和风格变化进行分类，依据建筑所依循的秩序特征进行分类等。根据时代分为上古的、古代的、哥特的和现

雅克·布隆戴尔

（https://en.wikipedia.org/wiki/Jacques-Fran%C3%A7ois_Blondel#/media/File:Portrait_of_Jacques-François_Blondel_-_Mus é e_Carnavalet_-_Braham_1980_p37.jpg）

代的。作者认为建筑的知识体系中应该包括材料、形式、比例、选址、规划和装饰等基本原理。同时，他提出雕塑、绘画、镀金、木器、砖石等艺术都是发源于建筑艺术的。作者对维特鲁威、阿尔贝蒂的写作内容进行整理、介绍和评点。[1]建筑中那种规则、秩序和理论化的艺术智识面貌进一步得到强化。

时至今日，人人都确信18世纪前后艺术概念发生了巨大转变，各类艺术理论中的相关论说几乎沦为街头巷间的俗论，但显然都没能就艺术身后的知识内涵形成更深入的认识，进而堆积了许多关于此刻艺术的陈见，人们多相信18世纪美学学科的兴起是感性主义对理性主义的挑战，就艺术理论的研究而言，感性理论跳脱了对构成作品之技术的规则、规律、规范理论之探寻，将视角从作品的媒介技艺分析和作品自身的本体论迁移到感受者的认识论角度，无疑是一次空前的理论创新，但技艺的特性和艺术的标准和原则让我们确信，至少在这一时期，艺术中其实更多展现出一种理性主义的领域扩大——是科学理性思维向感性知识领域的扩张，自由艺术转换为美的艺术，动力是将不确定的感性知识以一种确切的、知识性的、理论化的言说方式确定下来，感性知识成为哲学思考的一项内容。

---

1. https://quod.lib.umich.edu/cgi/t/text/text-idx?c=did;cc=did;rgn=main;view=text;idno=did2222.0000.192.

## 五、19世纪的艺术哲学化：古代艺术概念的顶点和尾声

18世纪确立起的美的艺术体系在19世纪进一步得以铺扬，艺术史、艺术批评及艺术哲学等学科纷至沓来。特别是以谢林和黑格尔为代表的相关研究，可谓是在古代艺术理论历史上的最后冲刺，真正将艺术问题楔入了哲学世界。

浪漫主义艺术哲学的开创者谢林（Friedrich Wilhelm Joseph von Schelling，1775—1854）曾以艺术来承载哲学的绝对同一体："艺术是哲学的唯一真实而又永恒的工具和证书，这个证书总是不断重新确证哲学无法从外部表示的东西……艺术对于哲学家来说就是最崇高的东西，因为艺术好像给哲学家打开了至圣所。"[1]"我所导出的，与其说是艺术，不如说是以艺术为形态和形象的唯一和大全（Ein und Alles）。"[2]艺术于哲学的意义在于，将绝对同一体在艺术作品中反映出来，这是艺术所独有的一种直观——美观直观。因此，他的整个哲学体系建立在两个顶端之间，一是以理智直观为标志，一是以美观直观为标志。[3]而在《艺术哲学》中，谢林尽管没有深

1.［德］谢林：《先验唯心论体系》，梁志学、石泉译，商务印书馆1976年版，第310页。

2.［德］谢林：《艺术哲学》，魏庆征译，中国社会出版社1996年版，第25页。

3. 参见［德］谢林《先验唯心论体系》，梁志学、石泉译，商务印书馆1976年版，第313页。

入讨论一般的艺术理论，但他觉察到了在美学、艺术哲学与艺术史这几门学科的缝隙间存在着思想的富矿，即艺术理论。为此，他反对那种纯粹哲学美学中的形式主义艺术教学（Kunst lehren）活动，批评康德等人传统下的艺术教学“连艺术的味道也没有”[1]。

受谢林影响[2]，黑格尔旗帜鲜明地反对美学这门学科。他在1835年出版的《美学讲演录》(即《美学》) 中强调，并不存在所谓的美学、感性学这门科学，“Ästhetik 这个名称实在是不完全恰当的”[3]，相反他的研究只是关于艺术的美的问题，但出于学术惯性依旧沿用“美学”这个名称来指代他关于艺术哲学的学说。不过黑格尔对于艺术理论的更大贡献在于：他坚称关于“美的艺术的哲学”是一门真正的科学，其基本门径之一就是将“理念作为研究的出发点”[4]。如此，艺术尽管是指向心灵的，但其内容是理念，其形式在于诉诸感官形象[5]，理念与形象的自由统一才是美的艺术。由此他的艺术哲学这门科学就分为三部分：第一是一般；第二是从艺术美的概念发

1.［德］谢林:《艺术哲学》，魏庆征译，中国社会出版社1996年版，第9页。

2. 鉴于黑格尔与谢林在学术上的密切关系，学界一般认为，黑格尔的艺术哲学思想受到过谢林影响。（参见魏庆征《介绍弗·威·谢林及其〈艺术哲学〉》，载谢林《艺术哲学》，魏庆征译，中国社会出版社1996年版，第20—33页）

3.［德］黑格尔:《美学》（第一卷），朱光潜译，商务印书馆1979年版，第3页。

4.［德］黑格尔:《美学》（第一卷），朱光潜译，商务印书馆1979年版，第27页。

5. 参见［德］黑格尔《美学》（第一卷），朱光潜译，商务印书馆1979年版，第87页。

展出的特殊；第三是艺术美的个别。[1]在这种科学思维下，黑格尔不仅将艺术确定为一个普遍的、带有必然性的哲学范畴，而且对美的艺术概念、本质、思维规律及艺术类型等历史性质进行了深刻揭示，探讨各门艺术分类：外在的艺术（建筑），客观的艺术（雕刻），主体的艺术（绘画、音乐和诗歌）；并依照感性与理念的关系界定了三种艺术类型：象征型艺术、古典型艺术和浪漫型艺术。

无论定位科学还是哲学[2]，黑格尔都是将美的艺术视为一门严正的知识（或曰学科）来考察。在他看来，艺术方面的知识不仅要求博学而且要求专门化，因为艺术作品的个性是与特殊情境联系着的，要有专门知识才能了解它，阐明它，要有敏锐的想象力。[3]其著名论断"美是理念的感性显现"更像是古代艺术概念中执着于理念召引的最后余音，也是这种受理性主导的艺术概念及知识传统的

---

1. 参见[德]黑格尔《美学》(第一卷)，朱光潜译，商务印书馆1979年版，第91页。
2. 科学一词所指涉的学科内容在19世纪初期亦并不十分明朗，故而经常被与哲学混同。朱光潜在翻译黑格尔《美学》时曾提示"黑格尔所谓'科学'就是'哲学'"[参见[德]黑格尔《美学》(第一卷)，朱光潜译，商务印书馆1979年版，第17页]。但事实上，及至19世纪，科学与自然界普遍法则、自然科学与哲学联姻的方式已日益破产；19世纪的科学家们开始逐渐厌弃那个曾经令自己引以为傲的哲学家头衔。科学家们投身于对事物进行观察和实验，测定并掌握它的力变和运动，而将可能存在的背后的作用留给了哲学去处理(参见[美]卡尔·贝克尔《18世纪哲学家的天城》，何兆武译，北京大学出版社2013年版，第18页)。但毫无疑问，科学与哲学都属于一种理性而严谨的智识活动。
3. 参见[德]黑格尔《美学》(第一卷)，朱光潜译，商务印书馆1979年版，第19页。

历史顶点。可以说，黑格尔正式确立了一种新的艺术哲学的发展方向，将古典艺术理论推向了一个巅峰。但一如黑格尔所提醒世人的那样，19 世纪的艺术在哲学领域赢得了一个席位，艺术真正获得了独立，且被缔造为一门自律性的学科，不过这种哲学化发展的道路也意味着西方艺术的古典形态在 19 世纪时就已告终："就它的最高职能来说，艺术对于我们现代人已是过去的事了。"[1] 从此，西方艺术由古典形态彻底走上了现代艺术反对理性的"不归路"。

尽管只是一番"浮光掠影"式的简略回顾，但从中得以窥见西方古代艺术概念中的那一抹理性的异彩，它所照耀的是被现代艺术理论遗忘的历史现场。从"轴心时代"的技艺概念到 19 世纪初现代艺术体系的独立、艺术哲学成为一门科学，不论是哲学家的思辨还是艺术家的论争，西方的艺术理论中始终贯穿着柏拉图在技艺概念中所注入的强大智识传统和哲学化的内在要求。这是它最终能在 18 世纪后完全实现从技艺、自由艺术到美的艺术的概念蜕变和更迭，彻底完成其由古代形态向现代形态转化的原始动力。

同时要看到，历史上，智识化的"艺术"概念在科学中也产生了诸多积极影响。伯纳德认为是在 19 世纪下半叶自然科学（Naturwissenschaften）与精神科学（Geisteswissenschaften）的区分

1. [德]黑格尔:《美学》(第一卷)，朱光潜译，商务印书馆1979年版，第15页。

被广泛接受[1]，自然科学的霸主位置得以确立，艺术作为科学的一种呈现路径也被纳入科学研究的视野。但现在多数研究还没有意识到艺术与科学在本质上的同一性和同源性，故而要么将目光集中在与艺术主题有直接关系的科学图像学研究；要么以艺术批评与历史学的研究方法来解读图像，艺术史学家没有走出美的艺术这个主流概念来思考科学中的图像问题。这导致其他学科中的图像研究也常常难以应用艺术史的批评方法来思考历史。就图像史而言，目前艺术史与科学史各自单兵掘进，但其实在共有的技艺概念下，艺术与科学在历史上的密切联系应该有更多的展现形式。这一点在詹姆斯 · 埃尔金斯（James Elkins)《艺术史与非艺术的图像》一文中有较为清晰的呈现。文中介绍了各种图像研究，展示了即便是最科学的图例在图片学的意义上也可以被作为美的艺术的中心范例。故而，关注非艺术（nonart）图像，用它们来解释说明造型艺术的历史，即使这些图像与艺术作品的生产并没有直接的关联，也会有艺术史价值。如天体图，地形图，全景图，透视图，航海图，以及植

1. 伯纳德认为，其中的精神科学指向了今日的人文科学（社会学科与人文学科），这样的区分法在当今英语世界越来越多地被接受，与传统精神科学等价的人文科学、人的科学等名称中包括哲学、语文学、文学研究、法学、历史学、政治学等传统学科，以及人类学、考古学、心理学、经济学、社会学等新学科；其他领域如神学、教育学、民俗研究和艺术史也可以通过细分而被涵盖。参见［美］I. 伯纳德 · 科恩《自然科学与社会科学的互动》，张卜天译，商务印书馆2016年版，第251页。

物学、古生物学、地质学、动物学等文本中的插图都是杰出的图像范例。尽管二者的关联是有限且拐弯抹角的，但是非艺术图像与美的艺术的关系确实不容否认。[1] 此外，更为有特点的研究属斯维特兰娜・阿尔珀斯（Svetlana Alpers）的《描述的历史：17 世纪荷兰艺术》。其中，作者将绘画视为认识和接触世界的通道，讨论了 17 世纪荷兰绘画与 19 世纪美国风景绘画中的地形学倾向。[2] 这些基于智识这一核心范畴的相关研究无疑对我们今天理解技艺、艺术、科学，以及三者间关系皆具有极其重要的意义和价值。

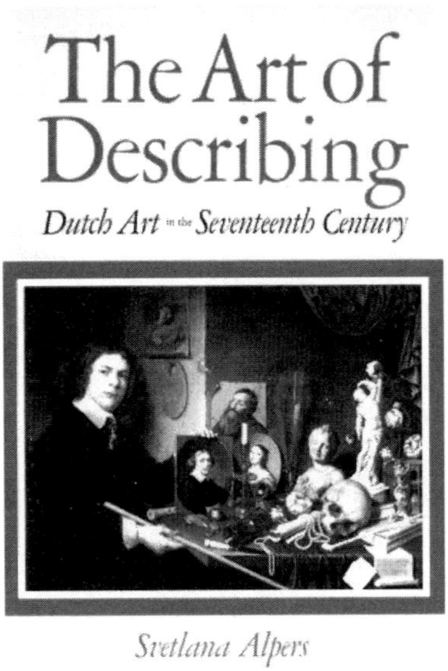


斯维特兰娜・阿尔珀斯《描述的历史：17 世纪荷兰艺术》( Svetlana Alpers, *The Art of Describing: Dutch Art in the Seventeenth Century* ) 封面
( https://prelectur.stanford.edu/lecturers/alpers/describing.html )

在两千多年的历史进程中，西方艺术理论始终受制于由柏拉图

1. James Elkins, "Art History and Images That Are Not Art", *Art Bulletin,* Vol.IXXVII, No.4, December 1995, pp.553–572.
2. Svetlana Alpers, *The Art of Describing:Dutch Art of Seventeenth Century,* Chicago:University of Chicago Press, 1983.

确立的形而上学的召引和目的论智识传统，通过对秩序、规则、原理等逻各斯知识的追逐，艺术完成了对自身知识体系的理性深入和话语型构，成就了西方现代艺术理论所拥有的普遍性和公度性。哲学化的理论结局正是艺术概念先天智识传统的终极形式，这是西方古代艺术概念的历史宿命，也是现代艺术在哲学层面获得自律，并以独立的精神性特质走向反对古代艺术概念和实践方式的逻辑起点。可以说，外显为自反式关系的现代与古代艺术理论之间实际上内嵌着历史的同质性和连续性。

结语

# 柏拉图的艺术学遗产

最后，回到柏拉图的艺术学遗产，我们需要反思的是，学理意义上的艺术概念在柏拉图时期是否存在，相比“艺术存在早于艺术概念”这一命题，判断艺术概念的起源这一问题要复杂得多。

目前可以确认的是，现代艺术的这套知识作为人文学科的支柱，改变了人类知识体系构成；而现代艺术这一概念及其体系的构成是直到文艺复兴时期后期才逐渐浮出水面，后更是在鲍姆嘉通、康德等人的美学理论的“加持”下，得以与其他学科“齐眉”相敬。那么在此之前，艺术的学术会不会有更早的思想起源？戴维·克劳尼（David Clowney）反对克利斯特勒、伊格尔顿或拉里·席纳的说法（即认为现代艺术体系和概念是在18世纪生成的），他认为如果艺术概念是18世纪才生成的，那我们现在关于新的不同方式的实践或个人作品是否“是艺术”的讨论就要惨遭废弃了。[1]同样，我们至今并没有取得关于音乐、悲剧、诗歌、舞蹈及

1. David Clowney, “Definitions of Art and Fine Art's Historical Origins”, *The Journal of Aesthetics and Art Criticism,* Vol. 69, No. 3, Summer 2011, pp. 309–320.

雕塑的充分定义[1]，但可以想象的是，关于艺术的定义或曰定位必然会影响艺术家的创作，否则艺术家就会创作出截然不同的作品。正如彼得·基维提醒的那样，如果没有“科学”定义，那么关于欧几里得几何学和毕达哥拉斯哲学的研究就要被踢出“科学”之外吗？事实上，艺术学也有较之文艺复兴更为古老的思想源头，即柏拉图的技艺理论。

如果我们注意到阿多诺坚持在艺术与科学之间一定存在相同的力量[2]，并且能坦然接受这样的历史事实，那么在柏拉图这里，艺术与科学间的相同力量正在于与知识高度重叠的“技艺”范畴。而从创造这一范畴来理解，艺术与科学是统一的。贡布里希提示我们：“人们称为艺术的东西，在不同的文明中截然相异。实际上我们的艺术观是一种十八世纪的观念——‘美的艺术’。治疗的‘艺术’、爱情的‘艺术’、战争的‘艺术’还有天知道什么‘艺术’，这些毕竟都是较早出现，甚至可能延续的更长。所以艺术这个词实际上表

---

1. Peter Kivy, “What Really Happened in the Eighteenth Century: The ‘Modern System’ Re-examined ( Again )” , *British Journal of Aesthetics*, No. 1, 2012, pp. 61－74.
2. 阿多诺曾提醒人们思考艺术与科学的历史关系，他指出：“( 艺术 ) 斗胆宣告自己已变成一门科学，藉此来抱住自己的狭小地盘。这一声明是华而不实的；它反映了对科学在经验现实中的作用的错觉。” [ 德 ] 阿多诺：《美学理论》，王柯平译，四川人民出版社 1998 年版，第 396 页。

示技巧，对不对?”[1] 换言之，现代“美的艺术”的产生缘于“技艺”概念自身的分裂。如今我们试图批判现代自律的艺术观念，解除其闭环性的自证逻辑，则必须回到柏拉图时期所确立的混而未分的技艺概念。不同于现代的狭义“艺术”概念，广义的“技艺”之下的绘画、雕塑、戏剧、音乐等具体艺术行为本身在柏拉图思想中虽受轻蔑[2]，但在他的知识体系中，这类知识的主要特征并不仅是单薄的模仿或创造，而是与政治、哲学、手工制作、医药等其他各类生产系统在知识方面拥有同一的技艺性特征，即追求理性规则主导的特定领域的专业知识，这类知识同样有其原理，应得以理论化。这一特性对后世艺术概念的影响之深远或远超我们的想象。

今日在回顾西方早期艺术理论形态时，技艺的这一特性尤其值得重视，在此概念下形成了一种崇智传统的艺术理论体系结构。其中，柏拉图在逻各斯、模仿、灵感和工匠多个范畴与概念的交织中，围绕“技艺”这一中轴概念，形成关于艺术的多样专业知识的思想论说，为后世的艺术理论规定了四个确定的知识系统。

第一系统是关于艺术的最高原理，回答艺术之根本律则的问题。以数理知识为主导的技艺理论，主要集中在音乐、建筑、雕塑

---

1. [英] E.H. 贡布里希:《我从卡尔 · 波普尔那里学到了什么》，载曹意强、洪再辛编《图像与观念》，岭南美术出版社 1993 年版，第 117 页。
2. 参见 [法] 让 - 伊夫 · 戈菲《技术哲学》，董茂永译，商务印书馆 2000 年版，第 37 页。

等学科领域。

第二系统是关于艺术本体的，回答艺术是什么的问题。在技艺的思维中提出了模仿论、灵感论、创造论等命题，主要集中在绘画、诗歌、音乐方面。

第三系统是关于艺术功能的，主要回答“艺术为什么”的问题。以道德教化、娱乐功能为主线的艺术价值论，主要集中在以戏剧为主导的诗歌、音乐、舞蹈等表演艺术论说中。

第四系统是关于纯经验层的技术性问题，关于艺术的材质、制作程序等，柏拉图至少提及了乐器演奏和绘画制作程序等几种问题。

这四大系统所涉猎的知识范围已然超越了美学史或艺术史的范围，虽然它们处在不同的知识层级中，跨越了不同的社会群体，但都有一个共有的轴心概念：艺术。柏拉图的思想中内嵌着极其丰厚的艺术理论资源。

第一系统是关于艺术的基本原则。尽管柏拉图并没有围绕绘画、雕塑、音乐、诗歌之间的共性与差异或其中某一范畴进行过专门的论说，或提出与现代艺术概念相对等的知识体系，但他在关于技艺的对话中为艺术的未来预埋了学科化、理论化、系统化发展的理性因子，即以逻各斯精神主导的原理性知识为圭臬，规定了艺术概念的基本原则。在数学、几何、天文、音乐乃至光学等自由知识的引领下，技艺几乎覆盖了人类生存所需的全部领域的确定性知识。它不仅是手工劳作层面的专业程序和技能，也包括政治道德等实践层面的理论知识，还同时指向纯粹理性；它是一种集合在数的稳定性特征的专门知识，指向永恒唯一的普遍性真理。蜷伏其中的各门“艺术”，在后世的发展中也由此与知识绑定，取得了被理性阐释乃至学科化、理论化发展的先决条件。经历过中世纪后，在柏拉图思想被重新发现的文艺复兴时期，这一思想获得了新的形变，从而带来了其时艺术及其知识体系的全面复兴。

第二系统是关于艺术本体的。艺术是模仿还是创造或灵感？受理性的技艺哲学观的掣肘，这些问题在柏拉图思想中略显含糊，但依旧可从中清理出如下特征：

首先，绘画、诗歌等在技艺的宏大知识门类中天然地区分于制鞋、造船等他类纯粹制作；也区分于政治、修辞等更高一级的技艺，但绘画、雕塑、建筑等与其他各类技艺包括政治的与手工劳作的一样，都存在稳定的原理性知识。[1] 换言之，柏拉图既强调对不同艺术门类的等级排序，又强调各门类艺术彼此之间的联系。在叙述中，柏拉图多次强调绘画、雕塑、建筑等技艺的特殊性，而且热衷于讨论各门类艺术间的关联，使得艺术类的知识潜在地聚合成为

1. 在希腊语中这些技艺的含义本就相通。例如，在荷马生活的年代，诗人与歌手共用一个名称，即 aoidoi，歌颂者。在公元前4世纪，poietes 既指“制作者（如鞋匠）”，又指诗人。因此，poietes 通常兼司曲谱，集诗人和音乐家于一身。

一个系统。更为重要的是，在柏拉图关于模仿和灵感的论述中，艺术类专业知识被明白无误地标定在了知识结构体系内理论与实践的中间层，这表明艺术在当时即已拥有独特的哲学和知识定位，它们天然构成一个有机“知识系统”。尽管从表面看，柏拉图所提出的这套艺术价值观与现代艺术观格格不入，但它决定了“艺术”概念的最初结构与思想样态。这是对艺术进行理论型构的前提，也是近代以来人们提出艺术体系，并将美学视为一个专门学科的原初理论动力。

其次，柏拉图内心里存有“眼中”之艺与“心中”之艺的分别，也就是现实的艺术是什么和理想的艺术应该是什么的殊异。前者属于描述性定义方式，关键词是工匠式的、制造、模仿的、形象制造；后者属于规定性定义方式，除了朝向诗性之外，另有神的、理念的、纯粹理论的。两个定义体现着柏拉图对艺术的不同判断依据：前者的艺术作为一种社会生产的经验性存在，在整个理性知识体系中的地位确实不高；后者的艺术本体被寄予厚望，因为它有通“神”的可能，也能够超越技艺概念的规定性要求。这两个问题在柏拉图对话的具体文本中表现为技艺与灵感、技艺与模仿、技艺与创造等问题的纠缠，以及技艺家（工匠）与艺术家之表述中的摇摆等，乃柏拉图思想令人困惑的根源所在。

再次，柏拉图的技艺概念中所指的理性知识在艺术活动中不只是关于创作的技艺，还是当时艺术的一个目的，理性构成艺术本体的核心。由此，他的技艺概念一头连着真理和神性自然，另一头连着产品和效果。技艺是人们在世界和生活中自我定位的“手段”和能力。受制于理性的艺术，却由于其带有迷狂与“魅惑”的气息而成为一种道德方面的低级知识，这些都使得艺术与柏拉图的“美”的定义无关。[1] 也就是说，柏拉图“眼中”的艺术在实际社会存在中的地位不高，缘于它未能充分地传递出理性，这一点在他的“模仿之模仿”理论体系中得到充分的论述。

但是，如若暂时将关于艺术的社会地位、灵感与技艺之间的诸种角力关系，以及艺术模仿论的种种矛盾、缠绕等搁置，集中观察艺术作为整个技艺体系的一部分时，就可清晰发现柏拉图艺术理论中充斥了对知识、理念、道德、纯粹性、抽象性、普遍性、绝对美等理性内容的自觉，它们可谓是柏拉图“心中”之艺的最高律则。与它们同构的是古希腊时期艺术的关键词：知识、规则、原则、秩序等趋向真理的理性要求，而不是心灵、情感、感性、表现等现代美学话语中的不确定概念。奉理性规则为圭臬的艺术观直到中世纪乃至文艺复兴早期仍占据着至高位置，并构成了古代艺术体系的理

1. 对于美作为理性的感官性代表，柏拉图是有深切感受的，但理性是现代艺术和美学所极力反对的，克罗齐因此反对把美学之父的美名授予柏拉图，因为柏拉图谈论的美与艺术无关，“（他）清晰而有力地确定了理性，并且正因为理性才不能给艺术在心灵的其他高级形式中以地位”。[意]贝尼季托·克罗齐：《作为表现的科学和一般语言学的美学的历史》，王天清译，中国社会科学出版社1984年版，第8页。

论基石。同时，制成品所需要的规则、秩序等原理知识，决定了古希腊人对理性的探究精神成为艺术创作的公理和准则，"'技艺'是批评的共同标准"[1]。

第三系统是艺术功能性的。柏拉图艺术理论在模仿、灵感论和技艺、知识等多个概念的交织中形成了两条相分离的道路，其中一条就是隐藏在复杂的知识一体性之中的绝对内核——今日艺术概念所反对的理性规则及其所关联的道德约束性，这套知识不只是关于艺术创作的技法，也是彼时艺术自身的目的，它成为日后艺术体系价值论的起点，并通过社会的知识构成、阶层分布等得以巩固。为此，塔塔尔凯维奇认为柏拉图对于艺术的否定态度不只是他个人的观点，它反映了希腊人的思想，以及在哲学与诗歌之间的"古老冲突"，那就是诗歌应该富有教谕功能。[2]希腊人的思想中对于唯一真理性、理论性的渴求决定了他们对艺术本体的要求是基于确切性的知识根底的，对其功能的定位必是基于教诲功用的。这套知识在艺术概念及体系形成的过程中产生了极为深刻而复杂的影响，投射到中世纪、文艺复兴等多个重要的艺术历史阶段，以及今天的各种创见中，但被人们习焉不察，长期淡出理论视野。

1. 邵宏:《美术史的观念》，中国美术学院出版社2003年版，第21页。

2. 参见[波]沃拉德斯拉维 · 塔塔科维兹《古代美学》，杨力、耿幼壮等译，中国社会科学出版社1990年版，第168页。

当谈论规则和技艺式的古希腊艺术概念时，应该明确的是，后期的柏拉图是依靠着数学理性而设想出有一种普遍性的、稳定的知识，他希望以艺术树立典范性的形象，赋予其道德的教谕使命，给人们设定标准，成为公民的典范。虽然现实世界中艺术对于个性化的要求在不断增强，但柏拉图就是在这样一种理性和理想的精神引领下，表达了对现实艺术的看法。作为一个严肃的哲学家，柏拉图更希望艺术的形象能作为典范作用于现实，筑牢了一种基于社会功能性质的艺术批评标准。

第四系统指向艺术的实践性技艺，主要关于材质和具体操作程序等内容，如关于琴的制作、绘画程序的描述等。柏拉图的兴趣大多时候不在于具体的阅读、写作、算术和经商等，而是探讨这些作为一种知识类型的技艺问题。尽管只是偶然涉猎了艺术创作的具体程序，材料的制作等，但是从艺术的知识层级来看，这些须臾难离的内容构成了艺术理论体系发展的经验性基石。

仔细观察并甄别柏拉图所阐述的这四大系统，一是有助于理解艺术实践与艺术理论之间的分合历史旅程；二是有助于仔细校准各时期艺术在知识体系中的历史坐标，以此形成对艺术学科的清晰描述；三是有助于探索推动艺术理论和实践发展的元动力，进而探求其基础原理。概言之，从技艺范畴出发的艺术理论匡定了后世的艺术学科发展方向。由此可以见出，柏拉图为后世艺术概念及其知识体系的演进和发展埋下了纵横两个维度的伏笔。

纵向方面，他自始至终让技艺概念趋向真理，赋予技艺高远的形而上意义。追求理性和知识是人的基本存在方式，对规律事物的渴求是人的生存本能，当海德格尔深解诗意的栖居时，希腊人的技艺概念被推向前景，并召唤出其灵性一面，即从它的起点就与形而上学意义上的理论和知识联系在一起，而不仅仅是手工劳作层面的操作生产，从而让“现代艺术”及其哲学理论从根本上都源于西方的形而上学。可以说，是柏拉图看到了艺术作为人的一种生存方式与形而上学之间的天然的渊源。严格地说，艺术理论的主体在17世纪前都不存在，而18世纪的艺术界也没有全然接受艺术成为一门科学，甚至科学与科学家的概念和术语直到19世纪才被普遍接受并应用。因此，直到18世纪结束，除了鲍姆嘉通试图将美学作为一门科学来对待外，艺术研究的科学性还无从谈起。但是，要承认的是，在“理念”这个绝对共性的思想体系中，柏拉图以普遍性的原则为主导，通过“技艺”这一中轴概念，为西方艺术的后世发展奠定了理论的基本架构。由于技艺概念的存在，普遍性的共性与分有性的个性得以统一。

柏拉图的技艺概念向下连接了实操性质的手工制作，向上联通了永恒的必然理性。前述四大知识系统不仅囊括了关于艺术理论的基础知识，也构成了艺术学理的基本结构，而各层理论之间的内在统一性正在于确定性原理性知识。作为一种联通实操性生产和精神灵魂等内容的桥梁，艺术在追求完整和绝对完满的真理精神的指引下，以原理化的专业知识保持了与科学知识的同质，从而使艺术自身也成为可以被理性思考的对象。在柏拉图思想体系中，技艺指向的是可以严谨精确地理解的专业知识，因此不论是科学、技术，还是自由七艺、机械艺术，“艺术”概念在最初就指向了具有原理性的知识目标，这决定了后世艺术理论化发展的本质特征。由此，尽管各门艺术的定位分布在不同层次的知识体系中，但概观之下，却形成了一种理想主义的普遍性目标和理论特征。这是西方艺术最终走向哲学化的宿命之因。这种艺术观作为一种强势语言而普及，其终极表现形式就是现代艺术及其理论在全球畅通无阻。

横向方面，柏拉图的技艺涵括了所有人类的创造性内容，从物质到精神，从制鞋匠到政治家乃至哲学家都是技艺家，品级不同而已。但这样一套系统所带来的结果就是艺术与其他人类造物关联在一起。就艺术概念的本初而言，柏拉图以人造与自然、物与精神、形式与意义笼罩所有人类行为、动机和目的，而非仅有审美这一含义。柏拉图的技艺概念中囊括了科学、技术及艺术三类知识，不过这三类同源的概念之间并没有形成实质性的相互促进；相反，精神性科学高于手工类的技艺；制造现实物的技艺又高于绘画、雕塑等模仿现实的技艺，带来了一系列二元的价值对立。其背后的根本是：理念超脱了现象的世界观，理念才是完美的、合目的的。这造成了技艺自体根源上的分裂，也决定了诸多概念间的鸿沟。这一完整的、多重两面性聚合的认知体系在后世被不断地分裂、弥合、再分裂、再弥合。从中世纪的自由七艺对机械艺术的压制，到启蒙时代工艺与艺术的分离，艺术与科学的对峙，无一不是原初技艺概念分裂的结果。

但是，要注意的是，这种分裂并非绝对的。在具体的技艺论述中，柏拉图强调普遍性知识与特殊性知识的区分，这一点不仅指向了技艺自身体系的结构组成，也指向了知识中的学科分类意识。同时，以柏拉图为代表的希腊人将获得知识确立为自由的本质[1]，这也成为西方后世关于“自由七艺”与“机械艺术”之区分的学科范式的理论肇始。由此，后世的学科分化历史在一定程度上也体现为一类知识与其对立方的平衡。在艺术史的多个阶段可以见出对这种分裂的弥合或平衡之举。圣维克多·于格提出“机械七艺”，狄德罗与达朗伯各自关于工艺与艺术的论断，以及夏尔·巴托、鲍姆嘉通、康德、黑格尔等思想家关于艺术是否是一门科学的争执，等等，皆表明这些分裂出的正反对子之间具有相互映照、互为牵制的内在统一性，这种统一是本质性的、原生性的。正如中国哲学所谓：道生一，一生二，二生三，三生万物。这种原生的内在统一性迫使人们不时要对这种分裂进行重新弥合。所以我们看到，19

1. 当代科技学界的考察发现，希腊人着眼于自由，把自由落脚于知识。对他们而言，知识本身就是最高目标，获得知识就是获得自由。在希腊时期，人通过知识来获得对自身的认识，获得自由。（参见吴国盛《什么是科学》，广东人民出版社2016年版，第49页）

世纪莫里斯的工艺美术运动，20世纪贡布里希对现代“艺术”概念的拆解，潘诺夫斯基对于图像学的考证乃至塔塔尔凯维奇、拉里·席纳等对艺术概念的历史梳理等，皆以承认艺术与其他人类创造活动之间复杂关联且内在统一为前提。就历史的发展而论，艺术史和美学的“进化”表明，我们很可能正处于艺术思想的再弥合进程之中。

概言之，哲学化的现代艺术观在本质上出于柏拉图的技艺概念。柏拉图的技艺理论与艺术论说联结一体，其内容构成丰盈而瑰丽，不啻为一个巨大的思想宝矿，它的存在不仅决定了西方早期科技和艺术知识的原初形态，更奠定了西方古典艺术的理论基石和话语底色，它既是现代艺术体系得以生成的核心动力和历史基因，亦将是未来艺术理论体系重构的最重要的思想资源之一。这正是柏拉图留给今日艺术学界的珍贵遗产。

# 主要参考文献

## （一）西文书目


Alexander Baumgarten, *Metaphysics: A Critical Translation with Kant's Elucidations, Selected Notes and Related Materials*, Translated and Edited with an Introduction by Courtney D. Fugate and John Hymers, Bloomsbury Publishing Pie, 2013.

Plato, *Plato's Theory of Knowledge: The Theaetetus and the Sophist.* Translated and Commentary by Francis Cornford, London Kegan Paul, Trench, Trubner& Co. Ltd., New York: Harcourt, Brace and Company, 1935.

Charles H. Kahn. *Plato and the Post-Socratic Dialogue: the Return to the Philosophy of Nature*, Cambridge University Press, 2016.

A.N.Whitehead, *Process and Reality: An Essay in Cosmology,* New York: Free Press, 1979.

Jerome Taylor ed., *The Didascalicon of Hugh of St. Victor, A Medieval Guide to the Arts,* Columbia University Press, 1991.

Eric A. Havelock, *Preface to Plato*, Cambridge, Massachusetts and London: The Belknap Press of Harvard University Press, 1963.

Sir David Prain, "Science Discipline", *The British Medical Journal,* Vol. 2, No. 3643 ( Nov.1 1930 ) .

F. I. G. Rawlins, "Episteme and Τέχνη", *Philosophy and Phenomenological Research*, Vol. 10, No. 3 ( Mar. 1950 ) .

Moshe Barasch, *Modern Theories of Art, 1: From Plato to Winckelmann,* Routledge, 2000.

Larry Shiner, *The Invention of Art: A Cultural History*, The University of Chicago Press, 2001.

John M. Cooper ed., *Plato Complete Works,* Hackett Publishing Company, Inc., 1997.

Wladyslaw Tatarkiewicz, *History of Aesthetics: Ancient Aesthetics*, edited by J.Harrell, Thoemmes Press, 1999.

Diogenes Laërtius. *The Lives and Opinions of Eminent Philosophers,* literally translated by C.D.Yonge, Bohn's Classical Library, London: George Bell& Sons, 1828.

Paul Oskar Kristeller, "The Modern System of the Arts: A Study in the History of Aesthetics ( Ⅰ ) ", *Journal of the History of Ideas,* Vol. 12, No. 4, Oct.1951.

Paul Oskar Kristeller, "The Modern System of the Arts: A Study in the History of Aesthetics ( Ⅱ ) ", *Journal of the History of Ideas,* Vol. 13, No. 1, Jan.1952.

Wladyslaw Tatarkiewicz, "Two Philosophies and Classical Art" , *The Journal of Aesthetics and Art Criticism*, Vol. 22, No. 1 ( Autumn, 1963 ) .

Johann Joachim Winckelmann, *The History of Ancient Art I&Ⅱ* , Curtis Bowman ed., Thoemmes Press, 2001.

Pliny, *Natural history Ⅸ (LIBRI XXXⅢ－XXXV)* , translated by H.Rackham, M. A, Harvard University Press, 1961.

W. Tatarkiewicz, "A Note on the Modern System of the Arts", *Journal of the History of Ideas,* Vol. 24, No. 3 (Jul.－Sep. 1963).

Leonardo da Vinci, *Paragone: A Comparison of the Arts*, Irma A. Richter, ed., Oxford: Oxford University Press, 1949.

W. K. Ferguson, *The Renaissance in Historical Thought: Five Centuries of Interpretation,* The Riverside Press Cambridge, Houghton Mifflin Company, 1948.

Rudolf Wittkower, *Architectural Principles in the Age of Humanism*, New York: W. W. Norton& Company, 1971.

Charles Batteux, *The Fine Arts Reduced to a Single Principle,* James O. Young translated, Oxford: Oxford University Press, 2015.

James Elkins: Art History and Images That Are Not Art. *Art Bulletin,* Vol. IXXVII, No. 4, December, 1995.

Svetlana Alpers, *The Art of Describing: Dutch Art of Seventeenth Century,* Chicago: University of Chicago Press, 1983.

David Clowney, "Definitions of Art and Fine Art's Historical Origins" , *The Journal of Aesthetics and Art Criticism,* Vol. 69, No. 3 (Summer, 2011).

Peter Kivy, "What Really Happened in the Eighteenth Century: The 'Modern

System' Re-examined（Again）", *British Journal of Aesthetics*, 2012（1）.

Tom Angier, *Technein Aristotle's Ethics: Crafting the Moral Life*, London: Continuum. 2010.

## 西文网络文献：

Stanford Encyclopedia of Philosophy：Episteme and Τέχνη。First published Fri Apr 11, 2003; substantive revision Sun Jun 22, 2014.（https://plato.stanford.edu/entries/episteme-Τέχνη/#1）

https://quod.lib.umich.edu/cgi/t/text/text-idx?c=did;cc=did;rgn=main;view=text;idno=did2222.0000.192.

## （二）中文书目

［奥］奥托·帕希特：《美术史的实践和方法问题》，薛墨译，商务印书馆 2017 年版。

［美］约翰·E. 彼得曼：《最伟大的思想家：柏拉图》，胡自信译，中华书局 2002 年版。

王宏文、宋洁人：《柏拉图研究》，山东人民出版社 1991 年版。

［比利时］希尔德·德·里德－西蒙斯：《欧洲大学史》，张斌贤等译，河北大学出版社 2008 年版。

［波］瓦迪斯瓦夫·塔塔尔凯维奇：《西方六大美学观念史》，刘文潭译，上海译文出版社 2006 年版。

［波］沃拉德斯拉维·塔塔科维兹:《中世纪美学》，褚朔维等译，中国社会科学出版社 1991 年版。

［德］阿多诺:《美学理论》，王柯平译，四川人民出版社 1998 年版。

［德］鲁道夫·普法伊费尔:《古典学术史（下卷）: 1300—1850 年》，张弢译，北京大学出版社 2015 年版。

［德］维拉莫威兹:《古典学的历史》，陈恒译，生活·读书·新知三联书店 2008 年版。

［美］克莱因:《柏拉图的三部曲——〈泰阿泰德〉、〈智者〉与〈政治家〉》成官泯译，华东师范大学出版社 2009 年版。

［美］雅各布·克莱因:《雅各布·克莱因思想史文集》，张卜天译，湖南科学技术出版社 2015 年版。

［美］乔治·库布勒:《时间的形状：造物史研究简论》，郭伟其译，商务印书馆 2019 年版。

［德］列奥·施特劳斯:《回归古典政治哲学——施特劳斯通信集》(重订本)，朱雁冰、何鸿藻译，华夏出版社 2017 年版。

［德］保罗·纳托尔普:《柏拉图的理念学说：理念论导论》，溥林译，商务印书馆 2018 年版。

陈中梅:《柏拉图诗学和艺术思想研究》，商务印书馆 1999 年版。

柏拉图:《柏拉图全集》，王晓朝译，人民出版社 2003 年版。

［美］爱德华·夏帕:《普罗塔戈拉与逻各斯：希腊哲学与修辞研究》，卓新贤

译，吉林出版集团有限责任公司 2014 年版。

[英] 鲍桑葵:《美学史》，张今译，商务印书馆 1985 年版。

[英] 罗宾・乔治・科林伍德:《艺术原理》，王至元、陈华中译，中国社会科学出版社 1985 年版。

[德] 马丁・海德格尔:《林中路》(修订本)，孙周兴译，上海译文出版社 2008 年版。

范玉刚:《睿思与歧误：一种对海德格尔技术之思的审美解读》，中央编译出版社 2005 年版。

朱光潜:《西方美学史》，商务印书馆 2011 年版。

柏拉图:《文艺对话集》，朱光潜译，人民文学出版社 1963 年版。

[意] 维柯:《新科学》，朱光潜译，商务印书馆 1989 年版。

[美] 戴维・L. 瓦格纳编:《中世纪的自由七艺》，张卜天译，湖南科学技术出版社 2016 年版。

亚里士多德:《诗学》，陈中梅译注，商务印书馆 1996 年版。

李心峰主编:《20 世纪中国艺术理论主题史》，辽海出版社 2005 年版。

吴国盛:《什么是科学》，广东人民出版社 2016 年版。

[意] 贝尼季托・克罗齐:《作为表现的科学和一般语言学的美学的历史》，王天清译，中国社会科学出版社 1984 年版。

范明生:《古希腊罗马美学》，北京师范大学出版社 2013 年版。

[美] 门罗·C. 比厄斯利:《美学史：从古希腊到当代》，高建平译，高等教育出版社 2018 年版。

[英] E.H. 贡布里希:《艺术与错觉 图画再现的心理学研究》，林夕、李本正、范景中译，浙江摄影出版社 1987 年版。

王柯平:《〈理想国〉的诗学研究》(修订版)，北京大学出版社 2014 年版。

希波克拉底:《希波克拉底文集》，赵洪钧、武鹏译，安徽科学技术出版社 1990 年版。

[波] 沃拉德斯拉维·塔塔科维兹:《古代美学》，杨力、耿幼壮等译，中国社会科学出版社 1990 年版。

罗念生、水建馥编:《古希腊语汉语词典》，商务印书馆 2004 年版。

[英] 戈尔德希尔、奥斯本编:《表演文化与雅典民主政制》，李向利、熊宸等译，华夏出版社 2014 年版。

柏拉图:《〈理想国篇〉译注与诠释》，徐学庸译注，北京时代华文书局、安徽人民出版社 2013 年版。

[英] H.D.F. 基托:《希腊人》，徐卫翔、黄韬译，世纪出版集团、上海人民出版社 2006 年版。

[古希腊] 色诺芬:《回忆苏格拉底》，吴永泉译，商务印书馆 1984 年版。

[美] 乔治·萨顿:《希腊黄金时代的古代科学》，鲁旭东译，大象出版社 2010 年版。

[美]凯·埃·吉尔伯特、[联邦德国]赫·库恩:《美学史》，夏乾丰译，上海译文出版社 1989 年版。

[美]M. 克莱因:《西方文化中的数学》，张祖贵译，复旦大学出版社 2004 年版。

[英]泰勒主编:《从开端到柏拉图》，韩东晖等译，中国人民大学出版社 2003 年版。

李泽厚:《美学》，载《外国美学》编委会编《外国美学》(第一辑)，商务印书馆 1985 年版。

亚里士多德:《形而上学》，吴寿彭译，商务印书馆 1959 年版。

陈嘉映:《哲学 科学 常识》，东方出版社 2007 年版。

范明生:《柏拉图哲学述评》，上海人民出版社 1984 年版。

[美]阿瑟·艾夫兰:《西方艺术教育史》，邢莉、常宁生译，四川人民出版社 2000 年版。

刘小枫:《巫阳招魂——亚里士多德〈诗术〉绎读》，生活·读书·新知三联书店 2019 年版。

[美]埃里克·沃格林:《秩序与历史(卷三):柏拉图与亚里士多德》，刘曙辉译，译林出版社 2014 年版。

[法]雅克·朗西埃:《美学中的不满》，蓝江、李三达译，南京大学出版社 2019 年版。

托马斯·克里斯坦森编:《剑桥西方音乐理论发展史》，任达敏译，上海音乐出版社 2011 年版。

中国艺术研究院外国文艺研究所《世界艺术与美学》编辑委员会编：《世界艺术与美学》第八辑，文化艺术出版社 1987 年版。

[德] 黑格尔：《哲学史讲演录》(第二卷)，贺麟、王太庆等译，商务印书馆 1960 年版。

[英] 贡布里希：《艺术发展史》，范景中译，天津人民美术出版社 1998 年版。

[美] 弗雷德 · S. 克雷纳、克里斯汀 · J. 马米亚编著：《加德纳艺术通史》，李建群等译，湖南美术出版社 2013 年版。

[德] 温克尔曼：《论古代艺术》，邵大箴译，中国人民大学出版社 1989 年版。

[英] 苏珊 · 伍德福德：《剑桥艺术史——古希腊罗马艺术》，钱乘旦译，译林出版社 2017 年版。

[匈] 阿诺尔德 · 豪泽尔：《艺术社会史》，黄燎宇译，商务印书馆 2015 年版。

[古罗马] 维特鲁威：《建筑十书》(典藏版)，[美] I.D. 罗兰英译，陈平中译，北京大学出版社 2017 年版。

[德] 达格玛 · 卢茨：《古希腊艺术如数家珍》，程爽译，吉林出版集团有限责任公司 2012 年版。

[英] 简 · 爱伦 · 哈里森：《希腊艺术导论》，马百亮译，商务印书馆 2017 年版。

[古罗马] 普林尼：《自然史》，李铁匠译，上海三联书店 2018 年版。

[德] 约翰·亚奥希姆·温克尔曼:《希腊美术模仿论》,潘襎译,中国社会科学出版社 2014 年版。

苗力田主编:《亚里士多德全集(典藏本)》,中国人民大学出版社 2016 年版。

[英] 乔纳逊·伯内斯:《亚里士多德》,余继元译,中国社会科学出版社 1989 年版。

[澳] 彼得·哈里森:《科学与宗教的领地》,张卜天译,商务印书馆 2016 年版。

[日] 竹内敏雄主编:《美学百科辞典》,池学镇译,黑龙江人民出版社 1987 年版。

[美] M.A.R. 哈比布:《文学批评史:从柏拉图到现在》,阎嘉译,南京大学出版社 2017 年版。

[意] 阿尔贝蒂:《论绘画》,胡珺、辛尘译,江苏教育出版社 2012 年版。

[美] 尤金·赖斯、安东尼·格拉夫顿:《现代欧洲史——早期现代欧洲的建立 1460—1559》,中信出版集团 2016 年版。

高建平、丁国旗主编:《西方文论经典(第一卷)·古代与中世纪》,安徽文艺出版社 2014 年版。

[英] 艾玛·阿·里斯特编著:《达·芬奇笔记》,郑福洁译,生活·读书·新知三联书店 2007 年版。

[意] 列奥纳多·达·芬奇:《芬奇论绘画》,戴勉译,人民美术出版社 1979 年版。

[意]莱奥纳多·达·芬奇:《绘画论》,[法]安德烈·夏斯泰尔编译,邢啸声译,湖南美术出版社2019年版。

[意]乔尔乔·瓦萨里:《意大利艺苑名人传——中世纪的反叛》,刘耀春译,湖北美术出版社、长江文艺出版社2003年版。

[美]洛伊斯·N.玛格纳:《生命科学史》,刘学礼译,上海人民出版社2012年版。

[德]卡西尔:《启蒙哲学》,顾伟铭等译,山东人民出版社2007年版。

[德]康德:《判断力批判》,邓晓芒译,人民出版社2002年版。

李秋零主编:《康德著作全集(典藏本)》,中国人民大学出版社2013年版。

[法]让-伊夫·戈菲:《技术哲学》,董茂永译,商务印书馆2000年版。

[德]谢林:《先验唯心论体系》,梁志学、石泉译,商务印书馆1976年版。

[德]谢林:《艺术哲学》,魏庆征译,中国社会出版社1996年版。

[德]黑格尔:《美学》,朱光潜译,商务印书馆1979年版。

[美]卡尔·贝克尔:《18世纪哲学家的天城》,何兆武译,北京大学出版社2013年版。

[美]I.伯纳德·科恩:《自然科学与社会科学的互动》,张卜天译,商务印书馆2016年版。

[德]阿多诺:《美学理论》,王柯平译,四川人民出版社1998年版。

邵宏:《美术史的观念》, 中国美术学院出版社 2003 年版。

赵墨典、包国光:《柏拉图论“技艺”的本质和分类》,《科学技术哲学研究》2019 年第 1 期。

[德] M. 海德格尔:《艺术的起源与思想的规定》, 孙周兴译,《世界哲学》2006 年第 1 期。

董学文、凌玉建:《“断裂”与“缝合”: 维柯〈新科学〉在朱光潜晚年美学生命中的地位与作用》,《甘肃社会科学》2011 年第 2 期。

朱墨:《朱光潜翻译维柯〈新科学〉的原因、过程与收获》,《学术界》2014 年第 6 期。

朱光潜:《维柯的〈新科学〉简介》,《国外文学》1981 年第 4 期。

李万军:《艺术·技艺·技术——西方艺术的历史性及其相关问题》,《武汉科技学院学报》2006 年第 1 期。

刘德卿:《古希腊美术的技艺观念》,《艺术探索》2013 年第 4 期。

赵猛:《“美德即知识”: 苏格拉底还是柏拉图?》,《世界哲学》2007 年第 6 期。

周仁成:《“技艺”在西方语境中的构成及研究可能性——以柏拉图和亚里士多德为例》,《江西社会科学》2010 年第 1 期。

吴国盛:《科学与人文》,《中国社会科学》2001 年第 4 期。

文成伟、刘则渊:《古希腊理性对技术的审慎》,《自然辩证法研究》2003 年第 8 期。

林志猛:《自然与技艺——试析柏拉图〈法义〉对自然哲学的批判》,《自然辩证法研究》2012 年第 10 期。

张颖:《夏尔·巴托的艺术摹仿论及其内在矛盾》,《复旦学报》(社会科学版)2018 年第 1 期。

詹文杰:《论柏拉图早期对话录中的“专家知识”概念》,《哲学研究》2016 年第 7 期。

陆扬:《圣维克多的于格美学考》,《河南师范大学学报》(自然科学版)1996 年第 1 期。

尹德辉:《艺术哲学视野下的古希腊“技艺”思想研究》,博士学位论文,山东大学,2017 年。

倪敏玲:《艺术与科学理性:文艺复兴透视学及其影响研究》,博士学位论文,上海大学,2017 年。

王恒:《柏拉图的政体理论研究——从“最好的政体”到“次好的政体”之思想脉络追寻》,博士学位论文,西南政法大学,2007 年。

# 后记

呈现给读者的这本小书起源于本人的《西方艺术学科史：从古希腊到18世纪》写作。8年前，在进入学科史写作时，初次大范围地接触柏拉图的艺术学说，当时感觉颇为意外，原来除模仿论、灵感论之外，柏拉图还有诸多关于门类艺术的论说，而其所确立的技艺概念和所秉持的政制理念也是西方古典艺术传统的重要起端，只不过在传统美学研究和现代艺术观念下，被长久地遗忘了。不过，囿于当时学科史的写作篇幅和主题，只能将视线紧紧锁定在西方艺术学科的历史起源上，并无法将柏拉图的技艺和剧场政制论说放置在更广阔的艺术学史问题上，充分铺展开进行思考，颇觉未能尽兴。随着《西方艺术学科史：从古希腊到18世纪》写作接近尾声，柏拉图艺术论说的原形、后世流变及影响也日益在头脑中清晰起来，彼时那种意犹未尽的感觉在“柏拉图的艺术学遗产”这个题目下萦绕终日，挥之不去，索性将此问题继续深入下去，得成此书。

对历史的认知无疑应由古典经学入，对西方艺术思想史的研究亦然。一如张之洞在《书目答问》“国朝著述诸家姓名略”中所言：“由经学入史学者，其史学可信。”柏拉图的对话无疑是早期西方艺术理论的经典之作，对它的阐释应是考察艺术理论史的必经之路。在令人迷惘的当代艺术话语中重返柏拉图这一智慧象征，从其技艺概念和政制本质的艺术源头出发，拆解一些不假思索的常见俗论，重新探寻一些新的理论路径。无限风光在险峰，寻常巷陌亦风景，在古典学研究的宏大图景之下，一些微不足道的小洞见同样令人心动。不过，作为非正统的古典学研究，这本小书的写作只能算是一次对柏拉图艺术思想的粗浅读解，还远谈不上是真正的揭示，故其中不乏皮相之见或姑妄之言，留待方家批评指正。

从艺术的理论源头这一视角重返柏拉图思想，看上去很美，现实研究却困难重重。阅读柏拉图及其时代的经典，没有希腊语与拉丁语基础，不够熟悉经学文本，不少文献的读解必须现寻专家求教。执教于我院研究生院的意大利学者林敬和（Enrico Rossetto）博士常要受我烦扰，而他总是慨然相允。从希腊语、拉丁语的辨认、翻译、发音、输入法乃至到成稿后的观点探讨、文本校对，林敬和博士为这本小书贡献了颇多精力和心血。新冠疫情全球肆虐，他留居意大利无法返京，但依旧远隔重洋，热情耐心地为小书提出许多修改意见和建议，特此向林敬和博士致谢！

在此也要郑重地致谢中国艺术研究院，以及供职于此的诸师友同道。这里的学术氛围浓厚而宽松，纯粹而宁静。沉浸于此十多年，耳濡目染间，越来越能体会那种箪瓢陋巷的快乐，也算开悟不少。在小书成稿的几年中，我亦经历了从纯研究者向期刊编辑的身份扩界，从马克思主义文艺理论研究所到《艺术学研究》编辑部，始终有诸多师友襄助。而书稿的顺利出版，得益于中国艺术研究院基本科研业务费个人后期资助项目资助，以及文化艺术出版社同人的鼎力支持。谨以此书敬谢大家！

孙晓霞

2021 年 1 月 1 日